JN239338

管理職や
研修企画者のための

教員・管理職研修
アップデート講座

北村 善春 著

はじめに
―さあ、教員研修を変えていこう！―

┃ 今、学校に求められていること

　今日、児童生徒の未来につながる幸福の実現のために、「令和の日本型学校教育」の実現を目指す実践が全国各地で展開される中、新たな研修制度がスタートしている。その目指すところは、学校を取り巻く社会等の変化を前向きに受け止め、探究心を持ちながら自律的に学ぶ教師の育成とされている。そして、主体的に学ぶ教師の姿は、子どもたちにとってのロールモデルになるとのことである。

　このような施策を受け、各学校においては、研修受講履歴や教員育成指標を参考に、管理職と教職員が対話を通じて、学校課題や自身が高めたい資質能力を踏まえた研修受講を計画する取組が開始されている。このように、教職員が多様な研修を受講し、自身の業務に還元しながら成長につなげたり、課題解決の新たな方向性を開発したりすることに資するのであれば望ましいことである。

　しかし、これまでも指摘されてきているように、組織としての学校力の向上は、一人一人の教職員の力量を向上させることだけで達成されるわけではない。実践の改善のための支援やアイディア、フィードバックを双方向で受ける機会に恵まれ、お互いに省察しながら成長できる教職員間の関係性が職場にあるかどうかが重要な要素となる。つまり、個人の力量の形成は、教職員の関係性を基盤とした日々の実践と経験からの学びが、どのように展開されるのかによって異なるのである。したがって、具体的な経験を振り返り、抽象化したり概念化したりして実践に活

用することや、職場での対話を通じた認識の確かめ合いが日常的に行われる関係づくりが重要となる。新たな研修制度の展開においては、このようなことも踏まえながら、同僚とともに学ぶことの意義を紐解き、楽しさや働き甲斐の実感が伴う一人一人の教職員を主語とした学びの創出こそが、学校改善の原動力になることを見落とすことがないようにしたい。

｜ 管理職や先生たちはどこに困っているのか

　ところが、この５年間で筆者が訪問した学校やかかわった各種研修会で出会った管理職や教職員、指導主事等からは、向き合うべき課題が山積し、日々発生する問題への対応が求められる中、校内研修の時間確保の困難さが語られている。また、個々の教職員の関心や問題意識に対応した研修テーマの設定が難しいとの声もある。

　さらに、提供される数々の研修への受動的な受講姿勢、知識や事例の収集という旧来型の研修に留まっていることのほか、最近では、働き方改革に基づく業務縮減と校内研修に要する時間の調整に苦慮するとの声も聞かれる。また、このような課題を踏まえつつ新たな校内研修を検討しようとしても、阻害要因の多さから実現が難しいとの声もある。新たな研修制度をけん引する管理職の研修においても、施策や制度の説明、学校経営上の課題の提示、事例紹介というスタイルであり、必要な学びを自ら構想する機会の少なさを認識している管理職もいる。つまり、新たな教師の学びの必要性や従来の研修スタイルへの課題は感じつつも、これらを職場で検討し、教職員同士で学び合い高め合う研修を創り出すプロセスや管理職等のかかわりは手探り状態にあり、その実現は容易ではないことが伺い知れる。

ここを一緒に変えていこう！

そこで、このような困難性は認めつつも、一人一人の教職員の思いや認識を踏まえつつ、教職員集団として取り組んでみたいと思えるような教員研修をどのように生み出せるのかを紐解き、納得して一歩を踏み出せるようなヒントを探る必要がある。

本書では、この一歩を踏み出すための検討と試行を教員研修や校内研修に位置付けることを提案する。それは、業務自体を学びの場として、相互の認識を確かめ合いながら、新たな気づきやアイディアを生み出す体験を繰り返す教員研修である。つまり、与えられたもので学ぶ研修から、学ぶ場をみんなで創り出す研修への転換であり、その取組過程では学び合う基盤を創り出すことを目指すのである。この発想は、校内研修担当の教職員や教員研修に携わる指導主事等の業務にも貢献できると考える。このようなことを踏まえ、学び合う基盤づくりのプロセスや管理職等の役割等を紐解き、教員研修や校内研修をアップデートするための第一歩を踏み出すポイントを検討していく。

本書の章立ては次のとおりである。

第1章では、教員研修のどこをアップデートするのかを考える。これまでの教員研修を振り返り、学び合う基盤づくりに必要となる3つのポイントと7つのヒントを示している。その上で、学び合う基盤づくりを進めながら教員研修を展開する枠組みをどのようにつくるのかを考える。そして、このような枠組みづくりに必要となる校長の役割も考える。

第2章からは、第1章を踏まえてアップデートされた教員研修の実践事例を紹介する。まず、学校内で取り組む教員研修の枠組みとして、教職員の相互理解や支援し合える関係づくりを進める北海道剣淵高等学校

の実践を紹介する。学びの基盤づくりや業務自体を学びの場とする校内研修がどう進められたかを共有したい。

　第3章は、学校を超えて学び合う教員研修と勤務校での実践を交互に行う枠組みとして、名寄市教育委員会のスクールリーダー研修会の1年間の実践を紹介する。この実践では、スクールリーダー同士が集合研修で得た学びを、勤務校にどのように還元し、どのような実践が行われたのかを共有したい。併せて、当該研修会と連動させた管理職研修会の枠組みも紹介する。スクールリーダーとのかかわりを学ぶ管理職研修会の実践にも着目したい。

　第4章は、既存の管理職研修会の新たな展開の枠組みとして、北海道教育委員会との連携で開発したＣＢＴを活用した管理職研修プログラムを紹介する。北海道の宗谷管内、根室管内の約130名の協力者による試行の結果に基づき、これからの管理職研修の構想に必要となる観点を整理し、ＤＸ時代に対応する管理職研修の在り方を共有したい。

　おわりに、学び合う基盤づくりについて、現段階で導き出せた方向性を示す。最後は、今から始められるアップデートのヒントを提案したい。

　本書は、特に管理職や研修企画者（指導主事、校内研修担当者等）に向けた内容としているが、これからの校内研修等の見直しに関心がある方が手に取っていただいても、参考となる内容として執筆している。

　紹介する実践の物語は、関係者にとって必要な学びを問い、その学びをどのように行うのか、業務にどのように還元するか、そのために必要な支援は何かなどを試行錯誤し、その一歩を踏み出したばかりである。したがって、開発途上にあり「こうすれば研修が変わる」という唯一無二の正解を提供するものではない。しかし、本書で提案するアップデートのヒントは、学校教育に携わるすべての関係者が、それぞれの立場に

おいて、同僚とともに学ぶことの意義を紐解き、楽しさや働き甲斐の実感が伴う学びの創出を考えるきっかけにはなるだろう。

　本書を貫くキーワードは、「問うこと」である。そこで、読者に考えていただく【自身に問う】を途中に用意した。本書を読み進める中で関心を持ったことがあれば、何か１つでも取り組んでみてほしい。その際には、仲間を巻き込み、相互の認識を確かめ合っていただきたい。このやりとりの過程では、ときとして自身の思い込みが取り除かれ、気づいていない自分に気づくこともあるだろう。この気づきは、新たな教員研修を考えるきっかけにもなると考える。また、日々の業務の新たなアイディアのヒントを見つけるきっかけにもなるかもしれない。そして、自分たちが目指すチームづくりに、自身がどうかかわるかを考える道標にもなるだろう。

　まさに、この過程を体験することが、与えられたもので学ぶ研修から、学ぶ場をみんなで創り出す研修へと転換する入り口に立つ第一歩なのである。

　さあ、それぞれの立場でできることから教員研修を変えていこう！

2024年11月

北海道教育大学教職大学院

特任教授　北村　善春

目　次

アップデートされた校内研修の実際

─名寄市教育委員会の事例─　77

第 **4** 章

DX時代の管理職研修アップデート
―クラウド＆集合で学び合う―　　　123

第 1 章

どこを
アップデートするのか

―3つのポイント―

プロローグ 「やりっぱなし」の教員研修

　筆者の勤務経験を振り返ると、研修企画者にとっての関心は、伝えるべき事項を、いかにわかりやすい研修資料として作成し、どのように学んでもらうかにあった。これは、行政機関が企画する場合に多く見られる。行政機関は、国の教育施策や教育改革の方向性を伝達する役割も有していることから、どうしても伝えるべきことが中心となる。端的にいえば、知識を提供する研修企画である。このような研修は、講師が共通のテキストを使用して、共通の内容を一斉に受講者に伝えるという形態になりがちである。

　そして、短期的な研修のゴールは、受講者が内容を理解できたかどうかにある。すなわち、知識を提供する側と提供される側に、その量と新しさなどに圧倒的な差がある場合には一定程度機能するが、提供される側に知識や経験の積み重ねがなされてくると、途端に成立しなくなってしまう。例えば、ＧＩＧＡスクール構想の下、学校に１人１台端末が整備されたばかりは、機器の使用方法から授業への活用に至るまで、教員研修の要請は引っ張りだこの状況であったという。しかし、実践事例が蓄積され、Web上にも研修コンテンツが掲載されるようになると、当初求められていた教員研修の要請は減少しているようである。

　また、目標が受講者個人の理解度や習得度であると、受講者同士で学ぶことに着目する視点はあまり考慮されなくなる。近年はグループワークも多く取り入れられるようになったが、ワークの流れや方法が定型化されており、受講者同士の関係づくりは、スタート時にアイスブレイクを取り入れる程度で、お互いのコミュニケーションの取り方は受講者個

人に任されている。

　この場合、受講者は概ねゴールイメージができている。突飛な発言を控え、どのようなテーマを扱ったとしても、大概は「こういうことが大事だよね」というあるべき姿の再確認や、「いろいろな考え方の人がいるので、理解し合うのは難しい。できることからやるしかないね」という協働の難しさを共有するというゴールにたどり着いてしまう。仮に改善の手応えを得た実践が提供されたとしても、関心は、どう行ったかに集中し、実践を始めた動機や過程を紐解くところまでは行きつかない。

　さらに、研修結果を業務等に還元するのはあくまで受講した個人であり、そこまでを一体として構想する発想は少なかったといえる。最近になって、その必要性が認識されてきているものの、研修当日の予習や受講後のアンケート調査を行うに留まっている。この点について研修結果の還元が、「62〜80％が研修後90日間、活用されないままになっている」[1]という指摘もある。このように、研修結果を業務等に還元することについては、何らかの手立てを講じない限りは、「研修を受講して終わり」という実態の改善が図られない。

　これらの点は、筆者がかかわってきた研修に参加した管理職や教職員からも聞かれている声であった。つまり、これまでの教員研修は、個人の職能の向上が中心的なテーマであり、受講するための準備や受講後の還元が、受講した個人に任されていたといえる。また、学び方についても、これまでの研究授業のほとんどが若い教師の授業に対して年輩の教師が自分の考えを言い合うという形態であり、すべての教師が互いに学び合う関係が築かれていないとの指摘もある[2]。さらに、これまでの教

1　中村文子、ボブ・パイク『研修デザインハンドブック第7刷』2021年、日本能率協会マネジメントセンター、p.15。

員像について、「優れた実践的な技を自らきたえあげていく教師像であり、親方としての先輩教師から技を盗み教えられ模倣することによって受け継いでいく徒弟としての若手教師のあり方であった」[3]との指摘もある。これも、学び合う関係性が構築されていないことへの指摘といえる。

　これらの課題は、学校の日常業務にも共通するところがある。学校の業務は、教職員個人の目標や関心等によるというよりも、校務分掌組織に位置付けられたものであり細分化されている。したがって、業務の進め方は組織のルールや方法に従うことになる。管理職に業務の報告や相談を行い、管理職からは、指示や助言という形態の実務的なコミュニケーションが行われる。これは、校務分掌の主任等とそれ以外の教職員との間でも同様である。そこでは、経験者から経験が浅い者への指示や教え込みが見られ、一人一人の意見を表明するよりは、相手の様子から空気を読んだり察したりすることが多くなる傾向にもある。このような業務の進め方や職場の関係性は、少なからず授業づくりにも影響を与えることが危惧される。職場の関係性に縛られて、自分の意見や疑問、悩みなどを発することや、自身の見方を確かめたり修正したりすることを避けてしまう危険性を孕んでいるということである。したがって、このような関係性がある中では、教職員が集まって研修をしても、業務へのかかわり方を変えようとしても、形ばかりの協働的な学びや業務が展開されることが予想されるのである。

　こうした「やりっぱなし」の研修から脱却するための研修アップデー

2　佐藤学『新版　学校を改革する』2023年、岩波ブックレット、p.44。
3　秋田喜代美「実践の創造と同僚関係」佐伯胖、黒崎勲、佐藤学、田中孝彦、浜田寿美男、藤田英典編『教師像の再構築』1998年、岩波書店、p.256。

トを考える際には、一人一人の教職員の思いや認識を踏まえつつ、教職員集団として取り組んでみたいと思えるような研修をどのように生み出せるのかを紐解き、納得して一歩を踏み出せるようなヒントを探る必要がある。

　本書では、教職員が自律的に学び続けるために、学び合う基盤づくり、その基盤づくりを進めながら研修を展開する枠組みづくり、研修アップデートを支援する校長の役割の3つのポイントを提案したい。

ポイント 1　学び合う基盤をつくろう —日常の実践を学びの場とする—

　ポイントの1つ目は「学び合う基盤をつくる」ことである。

　前述したとおり、日常の業務から築かれた教職員の関係性は、授業づくりや校内研修にも影響を与えていると考えられる。したがって、日常の業務でのかかわりに着目して、教職員が学び合う基盤づくりを教員研修にどう位置付けられるかがポイントだ。この発想は、昨今、学校組織マネジメントの課題とされている個業化や働き方改革への対応にも示唆を得ることができると考える。ただし、この発想を具現化しようとすると、いくつかの阻害要因が出てくる。

　1つ目は研修計画である。年度始めにテーマと実施日時が精緻に計画されている場合には、このような校内研修が入り込む余地はないだろう。また、この発想による教員研修は業務の進捗状況に応じて構想することになり、事前に計画が立てにくいことも阻害要因となる。2つ目は研修企画である。校内研修の担当者は、教科指導や生徒指導に関する教員研修の経験は有しているものの、組織を動かしたり教職員の関係性を

構築したりするなどの研修は受講したことも企画したこともないことがほとんどであろう。したがって、研修企画を行うためには外部等の支援が必要となる。ほかにも、従来の教員研修を転換することに対する異論が出されることや時間の確保なども、阻害要因として挙げられる。

これらの阻害要因を踏まえると、従来の教員研修と業務自体を学びの場とする発想とを二項対立的に捉えることは避けたい。まずは、従来、機能していたことは継続しながら、日常業務の中で違和感があったり転換が必要と考えたりしていた部分から、向き合う課題を設定して小規模な転換を起こしていくことが肝要である。部分的な転換から、定型的な業務改善のヒントや学び合うよさの共有ができれば、日常的な職員室でのやりとりにも変化が生まれるだろう。この発想は、一人一人の教職員を小さな変化に巻き込みながら、学び合う基盤づくりのプロセスを開発しようとする試みといえる。

また、業務自体を学びの場とする教員研修を具現化するためには、多様な考え方を有する教職員が、相互に理解し合う必要がある。もちろん、そう簡単なことではないが、ここでは、その実現に向けた7つのヒントを紹介する。これらのヒントは、現在の業務の進め方や教員研修の企画・運営を見直す際に手掛かりになると考える。勤務校等の実際の場面を思い描きながら、読み進めてほしい。

❗ヒント1 「問題」と「課題」の捉え方を理解する

まず、教職員が抱えるさまざまな問題から、組織で向き合うべき課題をどう設定するのかについて、次の考え方を参考に考えてみる。「問題」とは、解決したいと考えているものの、解決の方法や過程がわからない、うまくいかない状況といえる。一方「課題」とは、「関係者の間で、『解

決すべきだ』と前向きに合意された問題のこと」[4]という考え方である。この考え方からすると、「問題」とはさまざまな問題事象そのものではなく、すでに自身が解決に向けた動機を有している問題として捉えることができる。

　また、「課題」とは、誰かに設定されたものではなく、関係者間で検討する過程を経て、自分たちで設定するものとして捉えることができるだろう。したがって、研修で取り組むべき問いは、「あなたが感じている問題は何か」ではなく、「あなたが解決したいが、なかなかうまくいかないことは何だろうか」という問いになるだろう。そして、このように把握できた中から、多くの教職員が「解決したい」と共通に考えている問題を、課題として設定するのである。この過程は、「私」が解決したい問題を「私たち」で解決したい課題として捉え直すことであり、未来に向けた問いを立てることともいえる。

　しかし、同じ状況に対峙していたとしても、個人の認識によって問題の捉え方や解釈が異なることから、課題を設定する際には、出された問題に隠れている真因を探ることが必要になる。真因が放置されたままでは、個別の問題に対処療法的な手立てを講じて表面的には解決したように見えても、別の問題が発生することになるからである。

　真因を探るとはどのようなことか、**図1**を参考に考えてみよう。海面上に表出している問題事象が生じる背景として、水面下のような教職員の関係性や職場の慣習等が影響していないかを想像してみるのである。例えば、ある中堅教員が若手教員とかかわる場面で「指示待ちで自分の意見を有していない」ことを問題と感じて、それを学校の課題として捉

4　安斎勇樹、塩瀬隆之『問いのデザイン』2020年、学芸出版社、p.58.

え、自身が当該教員に指導しようと考えたとする。

　この発想は、意見を有さない若手教員個人が課題の対象となり、相手をどう変容させるかが課題解決の方向性となる。一方、関係者で集まり安心して話せる場を確保した上で、日ごろの職員室の様子や他の教職員の見方、若手教員の認識等を出し合いながら問題事象を考えてみると、職場の雰囲気が関連していることが共有できたとする。

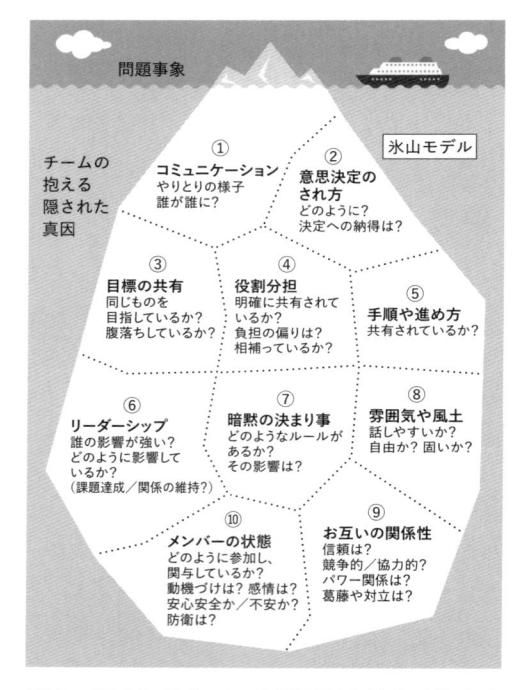

図1　海中に沈んでいる「真因」を見える化する
出典：中原、中村（2018、p.46）[5]

これを真因と捉えれば、職員室を安心で安全に話ができる場としたいということが課題になるかもしれない。このように、真因の捉え方によって、関係者が向き合うべき課題が異なるのである。したがって、真因を探る過程が必須となる。

　ただし、学校が抱える問題は多様な要因がからみ、実践を重ねていくと新たな真因らしきものが見つかることもある。したがって、真因を探

5　中原淳、中村和彦『組織開発の探究』2018年、ダイヤモンド社、p.46。

る際には、目途をつけつつも断定せずに、課題の解決に取り組みながら探究するというアプローチも併せて考えておきたい。

　ここまで述べてきたように、問題から課題を設定することは、問題を解決しなければならないと義務的に考えていた関係者を、「解決したい」「解決しよう」という主体的な方向に動かす原点を見つける過程であるといえるだろう。

？ **読者自身に問う❶** 　あなたが現在、「課題」と考えていることは何か。その「課題」はどのように設定されたか。また、職場でどの程度共有されているだろうか。

！ヒント2 対話を理解する

　では、関係者で問題事象に隠れている真因を探り、向き合うべき課題を設定する過程においては、どのようなやりとりが必要になるのか。ここでは「対話」に着目する。

　最近は「対話」という言葉が頻繁に使われるようになったが、人によって対話の捉え方はさまざまである。さまざまな定義も存在するので、ここでは「お互いの意見のズレや違いを表出させ、認識し合うようなコミュニケーション」[6]を基本的な定義としたい。立場や職の違いを超えて対等な立場で、お互いの意見を言葉として交わし合うコミュニケーションといえる。

　また、「対話」を理解する上では、**図2**の「やりとりの4つのレベル」（「儀礼的な会話」「討論」「内省的な対話」「生成的な対話」）[7]が参考に

6　中原淳『話し合いの作法』2022年、PHPビジネス新書、p.90。

なる。これは、相互のやりとりの状況を段階的に整理したものである。「儀礼的な会話」では、本音が語られず相手の意見等を聞き流すというやりとりが示されている。このようなやりとりは、初対面や日常的なかかわりが少ないなどの関係にある場合のほか、立場が固定的な場合や本音を話すことが憚られる場合などにも見られる。次の「討論」は、率直に話してはいるものの自分からの主張であり衝突も起こる。また、自分の考え方を基に相手の意見を評価するようなやりとりである。この２つのやりとりを重ねても、自身の見方や考え方は固定のままで変わることがないようである。学び合う基盤づくりでは、自身の見方や考え方を改めて考える機会としてのやりとりが期待されることから、さらに「内省的な対話」の段階に着目したい。

　内省的な対話とは、自分が正しいとして主張したり評価したりするのではなく、相手の話を共感的に聞き、質問しながら相手の考えの背景などを探究していくやりとりである。このやりとりは、自分の見方や考え方の背景などを内省するものであり、相互の思い込みが紐解かれ、新たな見方への変化が生じることが期待できる。このようなやりとりが重ねられると、新たな見方から「こうしてはどうだろうか」という未来に向けた問いを出し合う「生成的な対話」の段階に移っていくのである。しかし、「生成的な対話」はいきなり実現には至らない。まずは、「討論」と「内省的な対話」との間を行き来し、対話を通じて見方や考え方が変化してくる段階を体験しながら、相手や物事に対する見方や捉え方を広げることが必要となる。

　このことについて、「しっかりと対話ができるようになるためには、

7　中村和彦『マネージャーによる職場づくり　理論と実践』2021年、日本能率協会マネジメントセンター、pp.63-67。

対話のイメージをすり合わせ、トレーニングする必要があります」[8] との指摘もある。したがって、対話を体験する演習等を教員研修や日常のやりとりに位置付けることも考えておきたい。ただし、人と人とがやりとりする場面では、参加者の表情や口調、発言への反応等は、相手との

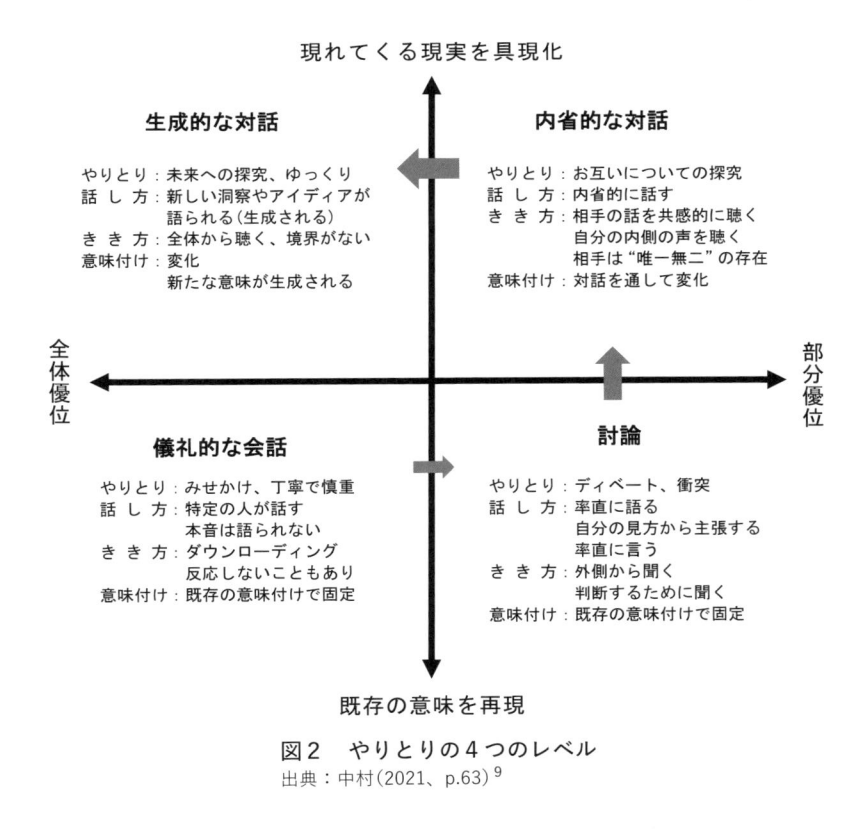

図2 やりとりの4つのレベル
出典：中村（2021、p.63）[9]

---

8 中原淳『話し合いの作法』p.125。
9 中村和彦、同前書、p.63（オットー・シャーマーによる発案、アダム・カヘンによる公表（「手ごわい問題は、対話で解決する」）、小田理一郎（2017）による紹介（『「学習する組織」入門』）を参考に作成）。

コミュニケーションに影響を与える。したがって、安心して対話ができる状況をどのようにつくるかも同時に考える必要がある。例えば、やりとりのルールを設定するワークや話題につながる内容でアイスブレイクを行うことなどである。

　なお、4つのレベルは、個々の教職員との間で同じ状況であるとは限らない。異動直後や心理的安全が確保されていなければ、「儀礼的な会話」になるであろう。したがって、4つのレベルを参考にして相互のやりとりの状況を判断し、次の段階に進むためにはどうしたらいいかをともに考えることもできるのではないだろうか。

- -

? 読者自身に問う❷ あなたが対話を行ってみたいと考える場面は、どのような場面か。また、そう考える理由は何だろうか。

▌ヒント3 相互作用を理解する

　対話を通じてやりとりをする場面では、人々の間では「情報の交換と刺激、心理的な刺激」[10]が起きているという。例えば、出し合われた問題に関する自身の経験や意見、実践の状況等の情報が交換され、自身の課題意識や関心と関連して、「自分と共通する」「それは難しいかもしれない」などの心情が湧いたり、自身を内省したりする。また、問題とは直接関係しないが、参加者の表情や口調、発言の内容や発言への反応等を観察した情報や心情も交換されるだろう。それらの情報や心情は、その場の心理的安全の程度を図る情報として相手とのコミュニケーションの在り方に影響を与える。このように、対話の場では、情報の交換と心

10　伊丹敬之『場の理論とマネジメント』2005年、東洋経済新報社、p.24。

理的な刺激が行き交わされ、参加者に何らかの影響を与えているのである。

　では、その相互作用はどのように起き、何を生み出すのか。相互作用が起こる場の状況は、意見や疑問をお互いに気軽に発言し、参加者同士で共感的に受け止められる雰囲気であれば、笑顔でわいわいと語り合う様子が思い浮かぶ。

　経営学者の伊丹敬之氏は、企業等の実践から、「情報共有、新しいアイディア、判断基準の共有、他のメンバーの人となりの理解、意思統一、価値観の共有、共有された計画、個人の能力アップ」や、「心理的高揚感、騒然とした雰囲気、仲間意識、感動」[11]などが生まれてくる相互作用を描く言葉をいくつか例示している。例えば、「すぐに」「いつでも」「熱い議論」「気軽に」「フランクに」「ワイワイガヤガヤ」「本音の」[12]などである。つまり、このような言葉が表す雰囲気で行われる対話であれば、参加者間に情報に関する共通理解や蓄積が生まれ、お互いを理解し、気づきを共有する関係性も生まれてくることが期待できるということである。

　一方、意見を主張し合い、他者の意見を非難し合うようなやりとりや、特定の人だけが語り他の人は聞いている時間が多いという状況であれば、極力発言を控え、無難な意見を発言する様子が想像できる。仮に「笑いものにされた」「評価された」という感情を生み出してしまうのであれば、対話への参加意欲が高まらないであろう。

　こうしたことから、対話を重視する研修では、相互作用が起きる状況をどうデザインし、どう運営するかという点にも留意が必要になる。ま

11　同上書、p.29。
12　同上書、p.26。

た、その場を設定する管理職や、教員研修担当者の働きかけも重要となる。

- -

❓ **読者自身に問う❸** あなたがかかわっている業務のメンバー同士や校内研修では、どのような相互作用がどのように起きているか。そこからは、どのようなことが生まれているのだろうか。また、あなた以外の人は、どう感じているのだろうか。

❗ヒント4 従来の価値観や行動様式を問い直す

　学校には、日常的な定型業務が多くあるが、これらの業務のすべてを学び合う場として位置付けてしまうと、時間と労力がいくらあっても足りないことになる。したがって、大きな変更を要しない業務は、そのままで構わない。これまでの経験等から導き出した手順や方法を生かしながら取り組み、仮に不具合が生じたとしても、部分修正を加えながら進めることで省力化や大きなミスを防ぐことができるだろう。

　ところが、これまで経験したことがない問題に対応したり、多様な価値観や背景を有する関係者と一緒に働いたりする際には、従来の考え方との矛盾や教職員間の葛藤を生じさせる難しい場面に向き合うことになる。このような場面では、これまでの知識や経験から学んだことと関連付けた状況の理解や新たな意味づけなどを通じて、従来の価値観や行動様式を問い直す学び合いが必要となるのである。

　実際にＧＩＧＡスクール構想やコロナ禍では、誰も経験したことがない場面が眼前に出現し、勤務校の状況と照らし合わせながら、学校内外の関係者が総力をあげて自校の進む方向を模索した。この経験から、ほんの一部の学校でしか行われていなかったオンライン授業は、今ではど

この学校でも普通に行える授業形態となっている。オンライン会議やオンライン研修も同様である。もう一歩進んだ現在は、オンラインのメリットとデメリットを問い直し、学校現場の状況に適応する活用方策を検討する動きも加速している。

このような学びの機会は、今日の学校においては、さまざまな場面に存在している。例えば、子どもたちや教職員の学びの転換、働き方改革、ＡＩの活用も含んだＩＣＴの活用等である。そこで、業務を学びの場とする発想を生かして、このような場面で教職員が抱えている問題を出し合い、教職員で向き合い課題を検討する機会の設定は、従来の価値観や行動様式を問い直す一歩になる。

そして、その学びを契機として生まれた価値観や行動様式、教職員の関係性が、日常業務や教育活動の場面で展開されながらより高まっていくという循環を創り出したい。このように、業務の必要性と連動させた、問い直す場づくりが重要になると考える。

- -

❓ 読者自身に問う❹ あなたが、従来の価値観や行動様式の転換が必要だと感じたことはあるか。あるとすれば、どんな場面だったか。

❗ヒント5 教職員集団の成長や協働態勢を促進するための資質能力に着目する

「チームとしての学校」が提示されて以来、現在の学校は多様な職種の専門家等と協力し、チームとして課題解決に取り組むことが望ましいとされている。そこで、教職員集団としての成長や協働態勢を促進するには、どのようなかかわり方や力が必要なのかを考えてみることは、学び合う基盤づくりやこれからの教師の在り方を考えるうえで意義があるだろう。

しかし、これまでの教員研修では、学習指導や生徒指導などに代表される教職としての成長には着目しても、学校が目指す教育の実現に向けて同僚や学校外の関係者と協力するために必要となる資質能力には関心が高かったとは言えない。教材を共有することや授業の感想を述べ合うこと、子どもの情報を共有することに留まり、「組織内外の関係者との協働を実現するためのコーディネート力やコミュニケーション力の向上が求められている」[13]ものの「組織の中での人の動き方・動かし方を理解する上で必要な知識の獲得」[14]などは、ミドルリーダーとなる時期の教員研修にわずかに取り入れられる程度であったとの指摘もある。

　したがって、業務を学びの場とする発想を生かし「同僚等と協力しながら組織目標を達成していくための "協働" を実現する組織人の育成の観点」[15]を意識して、すべての教職員が参画して学び合う基盤づくりを行うことが、新たな教員研修の方向性といえる。

- -

❓ 読者自身に問う❺ ▶ **あなたが「管理職や教職員が学び合う関係づくり」に必要となることは何だろうか。また、学び合えていないと感じることがあれば、その原因はどんなことにあるか。**

❗ヒント6 成人が学ぶ特性を理解する

　われわれは、職場に定着した習慣と定型化された仕組みや方法によって多くの業務を行っている。この流れの中で不具合を感じなければ、職場の習慣や定型化された方法等を変えようとはしない。それが自身や組

13　臼井智美「学校組織の現状と人材育成の課題」「日本教育経営学会紀要」第58号、2016年。
14　同上論文。
15　同上論文。

織にとって効率的で省力的だからである。したがって、あるべき姿を提示するだけでは、意欲喚起にはつながらない。

　一方、ヒント4でも触れたとおり、習慣や定型化された方法等が上手く機能しないときには、程度の差はあるだろうが、困り感とともに何とかしなければならないという気持ちが生じる。このことは、成人が学ぶ特性と併せて考えると理解しやすい。

　成人学習の理論では、学習の関心は仕事や生活に即座に活用できることへと向くようである。また、自身が解決したいと望む日々の実践上の問題などが学習の動機や内容となり、自身の経験を生かして自身の意思で学ぶという特性を有している。その際の学び方は、対話的なコミュニケーションを望み、自身の経験を活用した集団討議やワークショップのほか、メンバー同士で相互に支援を考える交流などが有効とされている。

　そのうえで成人学習者は、「平等なパートナーとして扱われること」「学習プロセスに積極的にかかわれること」を望み、「笑いものになること」「評価されること」「教え込まれること」[16]を望まないという。これらの点は、業務を学びの場として学び合う基盤をつくることに示唆を与えてくれるだろう。

- -

❓ **読者自身に問う❻** 　今、あなたが最も「何とかしたい」と考えている業務上の関心は何か。また可能な範囲で、あなたの隣に座っている同僚に同じことを尋ねてみよう。そこから、明らかにできたことは何だろうか。

16　岩崎久美子『成人の発達と学習』2019年、一般財団法人放送大学教育振興会、p.137。

　最後のヒントは、学び合うことを体験する必要性である。学び合う基盤づくりは職場の関係性に影響を受けることから、まずは関係者で体験を行い、やりとりで生じる相互作用などを確かめ合う体験をする過程が最初のステップとして必要になる。つまり、いきなり全教職員で行うというよりは、問題や課題を担当している部署のメンバーを集めて行うことが、当事者としての参加意欲を喚起できそうである。

　そこで、このような体験を企画する際には、「それぞれの立場の背後には暗黙の認識が存在していることを想像」[17]しながら、問題を出し合い、解くべき課題を探ることがポイントとなる。その際には、学び合う基盤づくりのヒントで示した6点を意識して、相手の話を共感的に聞き、自身の認識との同異を把握し、必要に応じて質問をしながら、お互いが何を問題と感じているのかを確認し合うことが求められる。

　さらに、自身についても、本当は何をしたいのか、本当に困っていることは何か、本当に向き合う課題は何か、管理職や他の教職員に支援してほしいことは何か、本当の望みはどこにあるのか等をゆっくりと探究していくことが必要となる。つまり、個人として、集団としての省察が重要となるのである。これらの探究や省察を通じて、問題がどのような関係性や構造で生じているのか、相互の思い込みや価値観はどのようなことであったかを概念的に理解できれば、新たな視点を得ることにつながるのである。

- -

? 読者自身に問う❼ 〉　身近にいる話しやすい人との間で、それぞれが感

17　安斎勇樹、塩瀬隆之『問いのデザイン』2020年、学芸出版社、p.58。

じている問題をいくつも出し合い、「解決した方がいい」と合意できる
課題を見つけていく体験をしてみよう。そこから気づいたことは何だろ
うか。

ポイント 2 　**学び合う基盤づくりを進めながら
教員研修を展開する枠組みをつくろう**

　続いて、より具体的な研修構想について考えていこう。

　前述した学び合う基盤づくりを具現化する教員研修の基本的な枠組み
は、学校内外で行うパターン、クラウド上で行うパターンが考えられる。
また、これらを組み合わせたり、業務と関連させたりするパターンも考
えられる。

　まず、学校内で行うパターンは、校内研修のほかに日常業務の会議や
打ち合わせを、学び合う場として位置付けることが考えられる。学校外
では、新たな教員研修を構築するほか、既存の研修会を活用することが
考えられる。クラウド上で行うパターンとしては、新規の開発が望まれ
る。次項からは、枠組みを構想するチームづくりとチーム活動、日常の
実践を学びの場とする教員研修モデルについて詳しくみていこう。

（1）枠組みを構想するチームをつくる

　日常の業務を学びの場とする教員研修を具現化するためには、必要な
要素を検討したり、仕組みを構造化したりする必要がある。しかしこの
発想は、教職員にとっては、従来の研修からの転換を求めるものと映り、
従来の取組との矛盾や教職員間の葛藤を生じさせることは前述したとお
りである。したがって、スモールステップで進める手順を構想し、段階
を踏んで実践することが必要となる。

そのためには、まずは検討チームを編成し、教職員が抱えている問題を共有し、関係者の間で解くべき課題を一緒に検討する場の設定や、業務への還元を一体的に検討することが現実的な方策となるだろう。さらに、教職員がイメージできる試行モデルも必要となる。

　そこで、組織内に検討チームをつくり、学び合う基盤づくりの7つのヒントを生かした教員研修を構想して、試行する流れ（**図3**）（以下「試行モデル」という）を提案する。

ステップ1　チームづくり

　チームづくりでは、目的を考え、目的に応じたメンバーを検討する。そして、どのようなやり方で検討を進めていくのかを明らかにするのである。メンバーが自分事としてチーム活動を検討することが必要であることから、内省的な対話を通じてメンバーの思いや疑問が出し合えるよ

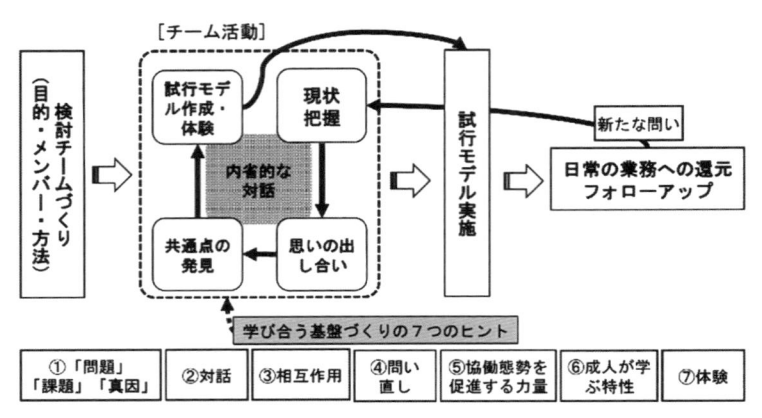

図3　チームづくり・チーム活動・実践とフォローアップの流れ
出典 :『対話型組織開発の進め方』中原、中村(2018、p.303)[18]を参考に筆者が作成した。

18　中原淳、中村和彦『組織開発の探究』2018年、ダイヤモンド社、p.303。

うに運営することが重要になる。この段階では、校長のかかわりが重要
となる。

ステップ2　チーム活動

　次はチーム活動の段階である。検討する問題事象は、チームがつくら
れた段階で概ね設定されていると思われるが、改めてその問題について
のメンバーの考えや思いを出し合う。その際、相互作用から気づきや内
省が起こるような場の状況をつくることや、問題、課題、真因に留意し
ながら進め、共通点を発見していく対話を行う。そして、試行モデルを
作成する議論においては、教職員への周知の仕方、準備、研修内容と当
日の運営、予想される阻害要因、振り返りや評価などの検討を行う。併
せて、チーム内で作成した試行モデルの体験を行う。

ステップ3　実際の試行段階

　次は、このような流れを経て完成させた試行モデルを、実際に研修と
して実施する段階になる。なお、取り上げるテーマや勤務校の状況等と
の関連で、関係する教職員に限定しての実施も想定しておきたい。メン
バーは研修に参加しながら、教職員の相互作用を観察し、どのような認
識が語られたのか、その時の状況はどうであったかなどを自身の評価を
加えずに冷静に把握するのである。これは、学び合う基盤づくりに必要
となる情報（教員研修に必要となる要素等）を収集する意味で、非常に
重要な活動となる。

ステップ4　教員研修後

　教員研修後には、業務のどの場面に還元されているか、還元するため
に必要な支援は何かなどをメンバーが観察しながら、把握した状況を管
理職と共有し必要なフォローアップを行う段階に移行する。さらに、次
の学びへの問いを立ててチーム活動に戻すという循環を意識したい。こ

のような活動を行うことで、教職員を巻き込む業務スタイルや学びの転換を起こす要素を明らかにしたり、勤務校の実態に応じた仕組みを構造化したりしながら、研修をアップデートする流れのイメージが共有できるだろう。小さな転換に取り組む際には、このような流れの活用から始めてみてはどうだろうか。

（2）日常の業務を学びの場とする教員研修モデル

続いて、学校で展開することを想定し、日常の業務を学びの場とする教員研修モデル（**図4**）の枠組みを提案する。このモデルの基本的な構造は次のとおりである。

まず、どのようなテーマを扱うとしても、プロセス1として、参加者の問題への認識を出し合い、そこから参加者で向き合うべき課題を探究

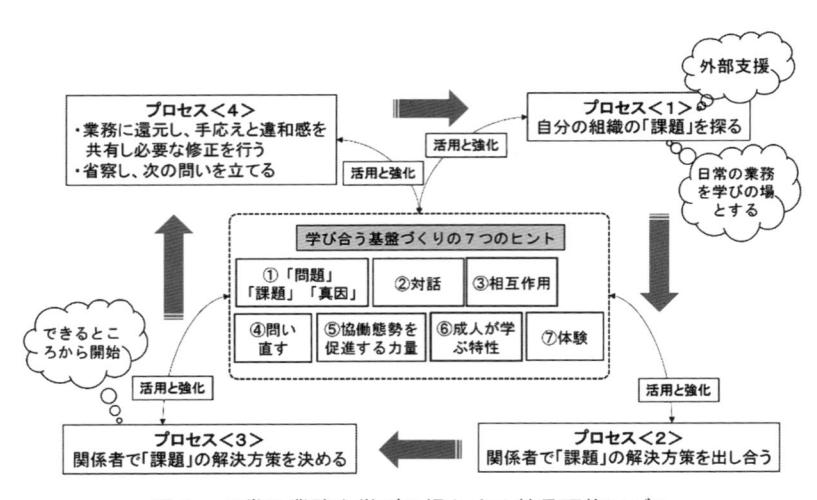

図4　日常の業務を学びの場とする教員研修モデル

出典：「理想的な「話し合い」のプロセス」中原（2022、pp.90-105）[19]を参考に筆者が作成した。

19　中原淳『話し合いの作法』pp.90-105。

する過程を位置付ける。その際、課題の設定までのコミュニケーションは対話を中心に行い、どのような相互作用が起こっているのかにも着目する。次は、プロセス2、3として、課題の解決方策を検討し決定していく過程を位置付けている。この段階におけるコミュニケーションは、対話と議論を位置付けるが、この2つが混在しないようにすることが重要となる。

そして、プロセス4では、検討した方策を試行的に業務に還元する過程を位置付ける。この過程では、解決方策を業務で展開しながら、業務スタイルや学びの転換への気づきを共有する。さらに、実践での学び合いから新たな問題を発見し、教職員で向き合うべき課題を探るプロセス1につなげる循環ができると、職場での持続可能な業務改善と学び合いが行われることが期待できる。

このモデルでは、学び合う基盤づくりの7つのヒントを中心に据えてある。状況に応じて必要と考える学び合う基盤づくりの7つのヒントが活用されて学び合いが進んだり、学び合いから基盤が強化されたりということが行き来する。また、外部支援の必要性、実施可能なところからの小規模な転換を始めることなども関連付けている。

さらにこのモデルは、集合して行う校内研修、学校外の教員研修、管理職研修などの単体の枠組みで活用することもあれば、複数の研修を組み合わせたり、研修と業務での実践を交互に繰り返したりすることも考えられる。また、各段階が順序立てて進められる場合もあれば、特定の段階のみを行ったり複数の段階をまとめて行ったりすることも可能である。このように、課題の内容や教員研修の目的、勤務校等の実態に応じて、柔軟に枠組みを構想することが可能である。以降では、このモデルを実際に活用する場合を想定して、プロセス1からプロセス4の展開例

をみていこう。

プロセス1　組織の「課題」を探る ───────────

　この過程では、学校全体や校務分掌などのチームの問題を、関係者の間で目に見える形にしていく段階である。ここで探究するのは、問題に隠されている真因である。そこで、対話を通じて、参加している人がそれぞれの見方を持ち寄り、相手の見方を参考に自身の見方から離れて問題を捉え直すことや、職場で何が起こっているのかを広く見るのである。これにより、当初思っていたこととは異なる問題の複雑さなどが見えるようになる。

　業務場面で想定してみよう。例えば、教務部で所管している業務の中で「ＩＣＴの活用がなかなか進まない」という問題事象があったとする。この背景には、さまざまな原因が考えられる。ある人は「使わない人は、基本的な操作方法がわからないのだろうか」と考えるかもしれない。あるいは、「教務部の進め方に問題がある」や「自分は最低限やっている。やらない人のことまで考える時間は無駄だ」「そもそも自分の授業では、使わなくても問題はない」などと考える人がいるかもしれない。そこで、真因を掘り下げるためには、問題を捉える思考法[20]が参考となる。

　一例として、「なぜ進まないのだろう」や「そもそも、本校において、教員が授業でＩＣＴを活用することについて、どういう取り決めがあるのか」「生徒はＩＣＴを活用した授業をどう感じているのだろうか」と素朴に問うことが考えられる。また、「もし、ＩＣＴを使わなかったら、授業はどうなるだろうか」のような天邪鬼的な問いを投げかけることも

───────────────────────────────

[20]　安斎、塩瀬『問いのデザイン』pp.65-77（※安斎、塩瀬は、問題を捉える思考法として、「素朴思考」「天邪鬼思考」「道具思考」「構造化思考」「哲学的思考」の５つを示している。これらを必要な場面に応じて活用しながら問題を読み解いていくとしている）。

考えられる。これらの問いに答えながら、目標の理解がバラバラである
ことが明らかにできれば、これを真因として位置付けられるだろう。さ
らに少し視野を広げ、「未来に向けた授業とは何か」「生徒にとって授業
はどのような意味を持っているだろうか」などと哲学的に問い、共通点
を考えながら、目途をつけた真因をさらに探るというアプローチもある
だろう。このように、自身でも気づいていなかった自分を内省したり、
問題の見方や捉え方を見直し選択肢を広げたりするような問いを考える
ことが必要となる。

　いずれにしても、このような問いを用いて、それぞれの認識を出し合
いながら、「私が解決したい問題」から「私たちが解決したい課題」を
見つけていくのである。

> ### このプロセスのポイント
>
> ○それぞれの見方を持ち寄り、自身の見方から離れて問題を捉え直
> 　す。また、職場で何が起こっているのかを広く見る対話を行う。
> ○自分を内省し、見方や捉え方、選択肢を広げるような問いを考える。
> ○問いを用いて、参加者で「これは解決した方がいい」という課題を
> 　見つける。

プロセス 2 　関係者で課題の解決方策を出し合う

　ここでは、問題から課題を探究したときと同様に、対話を通じて、さ
まざまな角度から解決方策を検討できるよう、相互の認識の違いを表出
させることに注力することが重要となる。このことを踏まえると、次の
ような流れで展開することが考えられる。

①意見や認識の違いを出し合い、違いがあることを一旦認める。

②お互いの認識が異なっていることを確かめ合ったうえで、その認識の
　背景となっている経験、その時に生じた感情、そこから重視している

価値観、解決方策を考えるうえで危惧されることなどについて質問をし合いながら、さらに確かめ合っていく。

③このようなやりとりを重ねていくと、質問等が減り、共通認識できている部分が増えてくる。この段階が見えてきたところで、解決方策を決定する次の議論に移る。

なお、ここまでの段階では、意見の集約や意思決定をする必要はなく、違いを確認することが中心となる。

プロセス 3　関係者で解決方策を決める

この過程は、さまざまな方策が提示された中から、最終的には、どの方策をとるのかを比較検討しながら決定していく段階である。プロセス2を経て、複数の解決案や危惧されることなどが存在している状況になっている。例えば、自身の方策には不足する要件が他者の方策に含まれていたり、自身が考えた方策に部分的に危惧を感じたりしている状況が想定される。また、方策は異なっても、目指すゴールが一致していて、自身の方策に固執する必要がないという認識が新たに生じることもあるだろう。これは、その場に参加している関係者も同様な状況にある。したがって、AかBかという二者択一の選択ではなく、業務場面を具体的に想定し、阻害要因や危惧されることなども踏まえて、複数の方策を比較検討し、それらを編み直して最終的な方策として練り上げる建設的な議論が必要になる。

　なお、今は対話と議論のどちらの話し合いをしているのか、今回は、対話だけで終わるのか議論までいくのかについて、関係者が自覚し、共有しながら進める重要性[21]が指摘されている。プロセスの2、3では、この点に留意したい。

> ╎╎╎ **このプロセスのポイント** ╎╎╎
>
> ○二者択一の選択ではなく、複数の方策を比較検討して、最終的な方策を練り上げる建設的な議論を行う。
> ○関係者で話し合いの段階を自覚し、当日はどこまで行うかを共有しておく。

プロセス4　業務に還元し、手応えと違和感を共有し、必要な修正を行うとともに、省察し、次の問いを立てる ─────

　この過程は、対話と議論から導き出した方策を実践していく段階である。ここまで取り組んできた過程は、日常の実践を学びの場とする発想に基づいていることから、還元する業務の場面や目指したい姿が、漠然としたイメージではあっても共有されていることが予想できる。そこで、具体的な行動にまで落とし込んだ実践の姿を関係者で確認し合ったうえで、実践に還元していくことが望ましい。

　ただし、目指す姿は、業務自体の改善はもとより、学び合う基盤づくりでもある。したがって、解決方策の結果のみに関心が集中しないように留意することが必要となる。つまり、個人としても組織としても、これまでの認識や行動様式を転換したり、課題を再設定する必要性に気づいたり、新たな学びのアイディアが生じたりするきっかけとなるやりと

21　中原淳『話し合いの作法』p.98。

りを見逃さないようにしたい。そして、それらを題材として、個人や組織が内省しながら新たな問いを立て、対話を通じて新たな問題に気づくことは、プロセス1へとつなげる循環を起こすきっかけにもなるであろう。

読者自身に問う❽ このような教員研修モデルを展開しようとした場合に、勤務校ではどのような阻害要因が生じるだろうか。また、それはなぜ生じるのか。そのうえで勤務校では、どこから開始できるだろうか。そこにあなたは、どのようにかかわることが構想できるだろうか。

ポイント **3** 校長の役割

　ここまで述べてきたような教員研修のアップデートには、さまざまな立場の教職員の参画と役割が考えられるが、特に校長が果たす役割は大きい。そこで、【ポイント3】ではアップデートを支援する校長の役割について考えていく。

　このことを考えるために本書では、中央教育審議会のいわゆる「令和の日本型学校教育」答申（「令和の日本型学校教育」を担う教師の養成・

採用・研修等の在り方について～「新たな教師の学びの姿」の実現と、多様な専門性を有する質の高い教職員集団の形成～（答申）、2022年）を参照したい（以下、「答申」）。

　答申では、校長等の管理職は、特に「さまざまなデータや学校が置かれた内外環境に関する情報について収集・整理・分析し共有すること（アセスメント）」や「学校内外の関係者の相互作用により学校の教育力を最大化していくこと（ファシリテーション）」が強調されている。つまり、職場の状況を的確に把握し、教職員が働きやすい職場環境をつくる役割の重要性といえるだろう。その際、心理的な安全を確保することや、教職員それぞれの強みを活かすこと、働きがいを高めていくことなどに着目する必要があるという。これらは、教職員の自律的な成長を促すための職場環境を整える存在としての校長像であり、本書で示す、学び合う基盤づくりの7つのヒントとも共通するものである。

　以下、端的に5つの姿勢でまとめてみた。

（姿勢1） 自身のかかわりを内省しながら学ぶ ―――――――

　まず、勤務校の業務の進め方について、校長自身のかかわりがどのように影響しているのかを俯瞰し、内省してみることが重要となる。具体的には、学び合う基盤づくりのヒントを基に、教員研修や校内研修の転換のきっかけとなる業務の問題場面や教職員の関係性などに着目するというイメージである。

　例えば、成人学習者の特性と教職員に対する「タテの影響」とを関連付け、教職員間の相互作用にどのような影響を与えていたかを振り返ることが考えられる。校長として「指示や助言は、一方的になっていなかっただろうか」「どのような受止をしているだろうか」「教職員はどのようなことを望んでいるのだろうか」「実際に聞いてみよう」という新た

な問いが生まれてくる。このような問いが立てば、教職員に投げかけて、一緒に問いを考えてみたくなる。

この機会は新たに設定しなくても、既存の研修受講奨励の際や期首・期末面談、日常の何気ないやりとりの中に取り入れることも可能となる。さらに、本音が言い合えるやりとりや環境づくりをどうしたらいいか、という問いも生まれてくるだろう。

このように、理論や解決方策を獲得するために学ぶというよりは、勤務校の実態や自身の学校経営方針と照らし合わせ、自身を内省しながら学ぶことが重要となる。このように校長が自ら学ぶ姿は、教職員に影響を与える。答申の表現を借りると「校長の学びが、教職員の学びのロールモデルになる」のである。

このような学びは、「新しい教員研修をどのような形にしたらいいか」という問いから、「われわれが、組織として学ぶ意義は何か」「われわれは、その学びの環境をどのようにデザインしたいのか」という問いへの転換であり、教職員とともに問いを生み出す学びへのアプローチといえる。

（姿勢2）検討チームを編成し、チームづくりの場を設定する ─────

続いては、検討チームの編成とチームとして機能するような働きかけである。そこで、「場をデザインする5つの要素」[22]を踏まえて、校長の3つの働きかけを示す。

1つ目は、検討チームを編成しチーム活動の目的と目標を設定するこ

22　堀公俊『ファシリテーション入門〈第2版〉』2018年、日本経済新聞出版、pp.62-68。ここで堀は、チーム活動の場をデザインする要素として、「①狙い（目的）」「②ゴール（目標）」「③プロセス（手順）」「④ルール（行動規範）」「⑤メンバー（役割分担）」の5つを挙げている。

とである。まずは、参加するメンバーを決定することからスタートするが、できるだけ少ないメンバーで最大の知恵を集めることが必要となる。人数については、ゼロベースで密度濃く議論するなら5～6人程度が適当[23]という考えもある。ただし、集団浅慮には注意が必要となる。したがって、検討の中心となる部署のメンバーを基本としつつも、多様な見方や考え方ができるように他部署のメンバーや若手の教職員の参加なども考慮したい。また、チーム活動の目的は、日常の実践を学びの場とする教員研修の発想を踏まえると、表出している問題事象の対処療法的な解決方策を検討することとは異なる。学び合う基盤づくりに向けて、例えば「お互いに抱えている問題を出し合い、メンバーで共有するためにはどうしたらいいかを考える」「さまざまな問題をみんなで解決したい課題とするには、どうしたらいいかを体験をしながら考える」という設定が考えられる。また、検討チームには、目的と関連付けて何をするのかがわかるようなネーミングも重要とされている。

　併せて、チーム活動の目標を設定することも必要である。前述した目的を踏まえれば、メンバーが学び合うとはどのような姿かを具体化する必要がある。例えば、「チーム活動が終わったときには、始まったときよりメンバーのことを知ることができる」「問題の複雑さを実感する」「課題設定のプロセスを知る」「学び合う基盤ができると教職員の関係性がどのように変化するかについて感じたことを共有する」などが考えられるだろう。

　2つ目は、校長がチーム活動を自身で企画する認識を持ち、手順を設定することである。前述した目的や目標を踏まえると次のような手順が

23　同上書、p.67。

考えられる。

[チーム活動の手順]

○目的と目標を共有する。

○ここでは何を話しても大丈夫であるという環境をつくる。

○メンバーが抱えている業務上の問題を出し合い、その真因を探る。

○そこから、みんなで解決した方がいいと前向きに合意できる課題の目途をつける。

○課題の解決方策を検討し、すぐに始められることを決める。

○体験から感じたことや気づいたことを出し合う。

○この体験を全校的な取組にするためには、どのような阻害要因があり、どのような段取りが必要となるかを出し合う。

○メンバーから出された気づき等を参考にして、継続検討の観点を定める。

[チーム活動後の手順]

○メンバーは、チーム活動で検討した解決方策を業務で実施する。その際に、メンバー以外の教職員ともチーム活動で行った手順を試してみる。

○業務での実践をメンバーで共有する。

○チーム活動とチーム活動後の手順を繰り返す。

　なお、1回のチーム活動ですべてを行う必要はない。重要なことは、メンバーが目的と目標の設定に参画し、その実現のための全体の流れを構想できるようにすることである。そのうえで、今は、どの段階の活動をしているのかを認識することや、今日はどこまでで終わるという見通しを明らかにして取り組むことが重要となる。さらに、メンバーが、目的や目標に応じて多様な手順を考え共有し合うことも必要である。この

ような体験を繰り返すことで、校長とメンバーが、学び合う基盤づくりのプロセスを共有することができるのである。

　3つ目は、メンバーがやりとりするためのルールを作成することである。これは、校長が全部作成して提示するのではなく、メンバーが考えたことを出し合い、合意できたことをルールとして設定することが望ましい。ルールの例示として、「まずは、相手の発言がどのような内容であっても受け止める」「否定や非難はしない」「聞いてみたいことは質問する」「発言は、1回3分間以内とする」などが想定できるだろう。このルールは、チーム活動の展開に重要となることはもとより、他の教職員とのやりとりにも波及することが期待できるという点からも必要な取組といえる。

姿勢3 新たな教員研修を具現化する

　チーム活動と活動後の手順を繰り返すと、関心を示す教職員が出てくるだろう。そして、一定程度の見通しが立った段階で、全校的な取組に発展させるために校長としての方針を示すことになる。ただし、指示するだけでは、教職員の認識は変わらず、やらされ感が増幅するだけだろう。そこで、検討チームのメンバーに他の教職員を参画させ、日常の実践を学びの場とする教員研修モデルを実施するプロセスを検討するチーム活動を設定することが必要になる。

　その際、外部協力者への要請も手立ての1つとなる。具体的なかかわりとしては、教職員とともに教員研修を企画、運営することや研修後の支援などが想定される。また、校長自ら他の教職員との多様なやりとりの機会を捉えて、チーム活動で展開したような取組の必要性について意見交換することも考えられる。このような準備を行いながら、教職員の理解が進んだ段階で校内の手続きを踏まえ、校長として決定するのであ

る。

　なお、先に提案した教員研修モデルのプロセスの全部を一斉に行う必要はない。学校の状況や実施の目的等を踏まえて、ある段階だけを集中的に行うことも考えられる。教職員とともに教員研修のデザインを柔軟に考えることも、校長に期待したい役割である。

姿勢4）教員研修を価値付ける

　前述の過程を経て実施した教員研修には、校長も対等な立場で参加することが望ましい。教職員間の相互作用に自身も直接かかわることで、相互作用がどのように起こり、そこから何が生まれてきたのかを直接把握できるからである。把握できていなかった職場の現状や個々の教職員の思いを知ることもあるだろう。

　また、校長自身が教職への思いを語ることもあるだろう。このようなやりとりから、参加者間で情報の交換と心理的な刺激が行き来する。同じ時間と場を共有した校長は、やりとりの過程で実感した思いや新たな気づきを得たことを発信したい。これに誘発されて、教職員からも、新たな気づきやアイディアが出されるかもしれない。教員研修を価値づけるということは、外部からの観察者として評価をすることではなく、参加した当事者としてどこに価値を感じたのかを発信し、教職員が発信する価値と関連付けて、教員研修の意義をともに考える働きかけを行うのである。これは、従来校長が行っていた、開会の挨拶、研修の参観、最後の助言といった形式的なかかわりからの転換といえる。

姿勢5）研修結果が業務に還元されるように支援する

　最後は、業務に還元する際に、校長でなければできない支援を考えてみる。校内研修に限らず、教員研修を受講した教職員が学校に戻って行う行動の目標を設定しても、実際に職場で展開しようとするとさまざま

な阻害要因があり、還元を難しくしていることは、誰もが経験している。

　その要因の1つに環境がある。環境には、校務分掌や担当業務範囲という組織の仕組みのほか、職場の人間関係や職場の暗黙の前提など、相互作用から生み出されるものも含まれる。そこで、教員研修モデルの実践で教職員の認識や相互作用から生み出されることを把握した校長は、教職員が課題の解決に取り組む機会や場面を設定するという支援が求められる。そのうえで、取組の状況を把握しながら、相談や必要なフィードバックを行うほか、他の教職員への協力要請や、直接的に一緒に取り組むなどの支援も考えられる。

　また、教員研修モデルの実践でのやりとりや整理できたことは何だったのかを問い、現在の取組で抜けているところはないかを振り返らせる働きかけも意義ある支援といえる。そして、このようなかかわり合いは、校長だけでなく、教職員で広く行えることが望ましい。もちろん、いきなりすべての教職員に同じようには広がらない。まずは校長が、研修での学びを職場で還元しやすくなる雰囲気を醸成するするよう率先して行動することが、最も必要な支援といえる。

第 **2** 章

アップデートされた
校内研修の実際

―北海道剣淵高等学校の事例―

ここからは、第1章で示した教員研修アップデートの3つのポイント（学び合う基盤づくり、学び合う基盤づくりを進めながら教員研修を展開する枠組みづくり、教員研修のアップデートを支援する校長の役割）を反映させた、実際の実践事例を紹介する。

　実践校は北海道剣淵高等学校である。第1章の3つのポイントとの関係は**表1**のとおりである。2事例とも研修テーマは日常の実践を取り上げ、教職員の関係性づくり、校内研修結果の業務への還元を扱っている。これらは、すべて第1章で提案した教員研修モデルを基に計画されている。教員研修の枠組みは校内研修である。外部支援者を交えた検討チームが編成され、チーム活動で校内研修を構想し実施するという展開である。校長は、第1章で示した7つのヒントのうち、主に5つのヒントに基づき、学び合う基盤づくりと新たな校内研修の枠組みづくりを支援していた。

　以下、剣淵高校の学校概要を紹介し、筆者がかかわった3年間の校内研修の概要を紹介する。その後、アップデートした2つの実践事例から、校内研修のアップデートに必要となる観点を整理したい。

　剣淵高校は1950年代に創立された町立高校であり、現在は学年1学級の全日制課程総合学科のコミュニティ・スクールとして教育活動を展開している。特色としては、地域の人材や産業、自然環境などの資源を最大限に活用し、地域とともに生きる人を育てることを重視している点だ。

　教員の年齢構成（2022年度段階）は、全教員に占める20、30歳代の割合が75％となっており、平均年齢は36.3歳である。また、同校のみという勤務経験の教員は7名（全教員に占める割合44.0％）となっている。

表1　3つのポイントから見る剣淵の研修事例

	研修テーマ	日常の実践を学びの場とする教員研修モデル	教員研修の枠組み
実践事例1	あなたが考える「これからの学校」	プロセス〈1〉を中心に展開し、プロセス〈2〉にもかかわる気づきがあった。	チーム活動で検討 ※教職大学院の支援 ＋ 校内研修（全教職員）
実践事例2	行動につなげる校内研修をどのようにデザインし実践すればいいのか	プロセス〈1〉から〈3〉までを展開した。	チーム活動で検討・体験 ※教職大学院の支援 ＋ 校内研修（関係教職員）
3つの実践事例に共通した校長の役割 〈1〉自身のかかわりを内省しながら学ぶ　〈2〉検討チームを編成しチームづくりの場を設定する 〈3〉新たな教員研修を具現化する　〈4〉行った教員研修を価値付ける 〈5〉研修結果が業務に還元されるように支援する			

アップデートの概要

（1）アップデートの方向性

　剣淵高校と筆者のかかわりは2020年度に遡る。その基本的な方向性は次の3点であった。

①「教職員の関係づくり」を校内研修の目的として設定

　1点目は校内研修の目的の設定である。2020年度の校長の学校経営方針の1つに、人材育成があった。小規模校の同校は1名配置の教科が6教科あり、当該教科の教員はすべて本校勤務のみの教職経験となっていた。したがって、自身の教科指導について、1人で取り組まざるを得ない状況にあった。一方、校務分掌の業務や生徒指導等は、他校経験を有した教職員や本校勤務が長い教職員から、具体の指示や経験を提供されながら展開していた。

　このような中、校長は教科の独立性が高い高校でも、教科指導に関し

て共通する悩みを共有し、教職員同士で意見交換しながら授業を構想する関係性ができないかとの思いを有していた。つまり、一人一人の教職員の力量を向上させて、その総和としての学校力をあげるのではなく、勤務校数や経験年数の多寡にかかわらず、相互に学び合い支え合う教職員集団が本校に必要であるという強い意向であった。

そうした中で、ちょうど筆者が設置者から校内研修の講師要請を受けた。そこで、校長との意見交換を通じて、教職員の関係性を構築することを校内研修の目的とした。

②検討チームをつくりチーム活動を行う

2点目は、校内研修を企画・運営する検討チームの編成とチーム活動を行うことである。

本校の実態に応じた教職員の関係性を構築するための校内研修プログラムを創り出すためには、教職員の考えや思いを把握し、校内研修を構想することが必要であった。そこで、校長と相談し、校長、2名のミドルリーダー、筆者の4名によるチームを編成し、チーム活動を行うことになった。

このチーム活動が、3年間の校内研修を構想する中心的な役割を担うことになる。

まず、教職員の関係性づくりという目的を踏まえ、4名のメンバーで、経験の多寡にかかわらず相互に学び合う関係づくりのきっかけをつくる校内研修を企画、運営することを目標とした。また、チームのメンバーが、教職員が校内研修で得たことを業務で生かせるように働きかけを行うことも目標とした。併せて、チーム活動では、自身の意見を安心して出し合える対等な関係性を築きながら、対話と議論を展開していくことも確認し合った。

③校内研修を具現化する

　3点目は、校内研修のプログラムを具現化することである。具現化の基本的な流れは、次のとおりとし、実践しながら状況に応じた変更を行うこととした。

・第1回は定期考査や長期休業の時期を活用して、一定の時間を確保する。

・第2回目以降の実施の有無は事前に設定しない。必要に応じて開催する。

・校内研修プログラムはチーム活動で検討し、試行を行ったうえで作成実施する。必要に応じて検討メンバーを追加する。

・教職員の受止や業務への還元状況に着目し、その結果を次のプログラムに反映させる。

　この流れに基づき、第1回の開催は校長が目的を明確に示して決定したが、第2回目以降は、参加した教職員にどのような相互作用が生じ、次の学びをどのように志向しているのかを把握しながら企画することとした点が特徴的であった。このことは、開催時期を1月から3月としていることとも関連する。この時期は、すべての教職員が当該年度の実践を振り返り、次年度の教育計画を構想することに何らかのかかわりを有していることから、業務自体を学びの場とすることに適していたといえる。

　なお、新たな校内研修に取り組む際に、すでに計画されていたものについては変更せずに行うこととした。

（2）アップデートされた校内研修の概要

　3年間で展開した校内研修の概要は次のとおり（**表2**）である。ここでは特徴的な取組（◎）を紹介する。

表2 校内研修一覧

2020年度

回数	校内研修の概要	対象
随時	○目標 校長の人材育成の方針と関連付けた校内研修の企画 ※第2回目以降は、教職員の受止や業務への還元への働きかけと把握を行い、次回のプログラムを検討する。	検討チーム
1 ◎ 1/25	○研修テーマ あなたが考える「これからの学校」Ver.1 ○目標 認識を言語化し、相互交流を通じて自身が重視している認識の再確認や新たな気づきを得る。また、相互理解につながるヒントを得る。 ○活動（120分間） 自身が考える「これからの学校」やその実現に必要となる知識や技能を考え交流する。そこからの気づきも交流する。	校長 教頭 全教職員
2 2/22	○研修テーマ あなたが考える「これからの学校」とは Ver.2（地域とともにある学校） ○目標 認識を言語化し、相互交流を通じて自身が重視している認識の再確認や新たな気づきを得る。また、相互理解につながるヒントを得る。 ○活動（120分間） 自身が考える「地域とともにある学校」やその実現に必要となる知識や技能を考え交流する。そこからの気づきも交流する。	校長 教頭 全教職員 ※地元中学校の管理職、教員も参加
3 3/26	○研修テーマ あなたが考える「これからの学校」とは Ver.3（スクールポリシー） ○目標 認識を言語化し、相互交流を通じて自身が重視している認識の再確認や新たな気づきを得る。また、相互理解につながるヒントを得る。 ○活動（120分間） 問いの立て方の講義を行う。続けて、自身が考えるこれからの剣淵高校の在り方と関連付けて「スクールポリシー」考え交流する。そこからの気づきも交流する。	校長 教頭 全教職員

2021年度

回数	校内研修の概要	対象
随時	○目標 校長の人材育成の方針と関連付けた校内研修の企画 ※教職員の受止や業務への還元への働きかけと把握を行い、次回のプログラムを検討する。	検討チーム
1 ◎ 1/13	○研修テーマ 行動につなげる校内研修をどのようにデザインし実践すればいいのか ○目標 初めて担任業務を担うことになる若手教員の不安要因を掘り下げ、現段階でできる自身の取組目標を設定する。「問題」から「課題」を設定して解決方策を探るプロセスを実感する。	教頭 若手教員7 中堅教員2

	○活動（120分間） 若手教員が、これまでの業務で困った事例を紹介し、グループ（若手教員、中堅教員）で問題を掘り下げ解決方策を検討する。その後、校内研修に必要な学びは何かを共有し、そこからの気づきも交流する。		
2 3/15	○研修テーマ 　生徒に身に付けてほしい資質・能力Ver.1 ○目標 　認識を言語化し、相互交流を通じて自身が重視している認識の再確認や新たな気づきを得る。また、相互理解につながるヒントを得る。 ○活動 　自身が考える「生徒に身に付けてほしい資質・能力」を考え交流する。そこからの気づきも交流する。	校長 教頭 全教職員	
3 3/29	○研修テーマ 　生徒に身に付けてほしい資質・能力Ver.2 ○目標 　認識を言語化し、相互交流を通じて自身が重視している認識の再確認や新たな気づきを得る。また、相互理解につながるヒントを得る。そこから、学校としての方向性を決める。 ○活動 　自身が考える「生徒に身に付けてほしい資質・能力」を考え交流する。そこからの気づきも交流する。学校としての方向性を決めるプロセスに参画する。	校長 教頭 全教職員	

2022年度

回数	校内研修の概要	対象
随時	○目標 　校長の人材育成の方針と関連付けた校内研修の企画 　※第2回目以降は、校内研修の実施に応じて実施し、教職員の受止や業務への還元への働きかけと把握を行い、次回のプログラムを検討する。	検討チーム
1 2/6	○研修テーマ 　教員が学び合う姿の実現 ○目標 　認識を言語化し、相互交流を通じて自身が重視している認識の再確認や新たな気づきを得る。また、相互理解につながるヒントを得る。そこから、教職員の関係性を築く上での行動を共有する。 ○活動 　個人で行う事前研修と当日の集合研修を組み合わせ、自身が考える「教師が学び合う姿」を考え交流する。そこからの気づきも交流する。学校としての方向性を決めるプロセスに参画する。	校長 教頭 全教職員

アップデートされた実践事例 1

―2020年度第1回研修会：
あなたが考える「これからの学校」Ver.1

（1）事例の概要

　アップデートされた実践事例1は、第1章で紹介した「学び合う基盤づくりに着目した教員研修モデルのプロセス1」（自分の組織の「課題」を探る）を中心に展開した実践である。

　剣淵高校では、これまで業務上の打ち合わせ等のやりとりは行っているが、教職員一人一人が何を大切にして仕事をしているのか、どのような学校を目指したいのかなどに関する認識を出し合うことは頻繁には行われていなかった。そこで、自身の認識を言語化し、相互交流を交えて認識の再確認や新たな気づきを得ることや、相互理解につながるヒントを得ることを目標とした校内研修をチーム活動で企画した。

　筆者がファシリテーターとなり、可能な範囲で教職経験が異なる5名程度のグループに分かれ、120分間のワークを行った。ワークは民間団体が考案した「イメージカード」を活用した[1]。さらに、研修ツールとして、同法人作成の「イメージカード（以下『カード』という）」と「ワークシート」を筆者が剣淵高校の校内研修用に一部修正して（**図1、2**）使用した。ワークでは、最初に自身のイメージに近いカードを選び、自身が考えた「これからの学校」に関連して思い浮かぶキーワードを3つあげる。次に、ワークシートを用いて、3つのキーワードを関連付けた「これからの学校」を説明するストーリーを考える。それを、グループ

1　坂田哲人、中田正弘、村井尚子、矢野博之、山辺恵理子『ファシリテーション入門』2019年、一般財団法人学び続ける教育者のための協会（REFRECT）、pp.64-69。

内で発表し気づきを交流す
るという流れである。

　この交流に続き、「これ
からの学校」の実現に自身
がかかわるうえで必要と考
える知識と技能を考えるワ
ークも行った。先ほどのワ
ークと同様に、必要と考え

イメージカードを活用した自身の認識の
言語化

る知識と技能のイメージに近いカードを選び、関連して思い浮かぶキー
ワードを４つあげる。次に、最も重点的に身につける必要があると考え
るものを１つ選んでその理由を考え、グループ内で発表し気づきを交流
するという流れである。最後は、新しい時代の高校教育の在り方に関す
る施策の方向性を確認し、振り返りシートの記述を行い終了した。

（2）実践から把握できた教職員の認識と考察

　紹介した実践は、剣淵高校の校内研修のアップデートを目指した最初
の取組であった。そこで、実践から把握できた教職員の認識と考察を整
理する。

　前述したとおり、剣淵高校は教員構成上「ヨコの相互作用」よりも「タ
テの影響」が強い職員室といえた。そこで、校長の人材育成の方針も踏
まえてチーム活動で検討し、「ヨコの相互作用」が働く状況を意図的に
設定するところからアプローチした。

　意図的に設定した場で対話を行うことで生じる相互作用から生み出さ
れるものを、参加者間で感じ合う体験をしようとしたのが、今回のワー
クである。このワークの特徴は、相互作用から生み出されるものが何か
は事前にわからないという点にある。ある程度予想は立てられるが、実

際にやってみなければわからないのである。それは、「あなたが考える『これからの学校』はどのような学校か」という問いが未来に開かれているからであり、自身の知識や技能を考えるという当事者に向けた問いだからである。したがって、その答えは参加者の数だけ生み出されることになる。このような問いは、職や経験の差を飛び越えて、対等な立場で考える土台をつくることが期待できる。

　また、成人が学ぶ際に、対話的なコミュニケーションを望み、自身の経験を活用した集団討議やワークショップのほか、メンバー同士で相互に支援を考える交流などが有効とされていることも踏まえている。さらに「平等なパートナーとして扱われること」を実感できる場づくりにも留意した。これらが「ヨコの相互作用」が働く状況を意図的に設定した内容である。

　このような設定が、教職員の認識に何らかの影響を与えたであろうことは、参加者の「経験が浅いからこその気づき、豊富だからこその気づきがあると改めて感じた。先輩の助言をそのまま受け入れるのではなく、自分としての考えをしっかり持とうと思う」とのコメントが端的に物語っている。また、若手教員、中堅教員の双方から、「ベテランと若手が、しっかり話ができる環境が必要。それぞれ考えも個性も違うので、お互いを尊重しながら前に進めていきたい」「仲良くなるだけではなく『同僚性』を高めることでこれからの学校づくりにつながる」「一人一人の見ている学校の姿が同じようで異なる点も多く、職員室内での交流が重要であることを強く感じた」とのコメントも示唆的である。

　これらのコメントは、経験の多寡にかかわらず自身の思いを発信できる場が共有できたことや相互理解を促し、次の行動を構想するきっかけにもなっていたことが伺えた。すなわち、教員研修モデルに位置付け

た、プロセス2（関係者で「課題」の解決方策を出し合う）の解決方策を出し合うことにもつながるものでもあった。したがって、次の校内研修を構想するうえでは、これらの気づきを基にすることで、校内研修の必要性や意義が教職員に共有されることが期待できた。

　次に、「ヨコの相互作用」からは、自身の前提や思い込みを再確認したり、そこから新たな気づきを生み出したりしていることも確認できた。それは、「カードを使ってイメージしたことで、普段自分でも意識していない考えが明確になった」とのコメントが示唆的である。知っていることの再確認や新たな知識を獲得するだけではなく、自身でも気づかなかった部分を開く探究的な学びを想起させた。また、「今まで知らなかった他の先生の考えを知ることができ、新たな視点を持てた」「カード1つの説明でも様々な考えがあり、先生方の多様な考えを知ることができた」「よく話を聞くと、私と思うことが似ていると感じた」などのコメントは、同じ職場でも、今まで知ることがなかった他者の考えに触れ、お互いの理解を進める第一歩となる気づきでもあった。

　このような相互の気づき合いには、対話が重要な役割を果たした。「対話により、自分自身が考えてもみなかった考えに辿り着くことができると感じた」「対話は職場環境が整っていないとできない」「対話から生まれる考えや発想は重要だ」などのコメントは、対話への関心の高まりと思われる。また、思考を補助するツールの影響も大きかったことがわかった。今回使用したカードを、ほぼ全員が肯定的に受け止めていた。それは、カードを選ぶ際に、自身の思いや考えを内省してイメージし、3つのキーワードで整理する過程を経ることで、自身の考えの背景にも焦点を当てる機会となったことがあげられていた。今回のワークをいきなり言葉で表現しようとすると、既存の言葉をつなげて正解らしい表現を

どうつくるかに関心がいってしまいそうだとの認識も語られた。つまり、自身の思考を整理するワークにおいて、アウトプットするための思考過程を提示することや思考を補助するツールを活用することの重要性が共有できたのである。

　最後に、このようなことが生み出された相互作用は、どのように起きていたのかを考えてみる。

　参加者全員が初めての体験であり、開始時は戸惑っていたが、ワークが展開するに従い、身構えずに気楽にワイワイとやりとりする様子が見られた。この様子は、「次から次へと湧き出る感覚にワクワクした。何かやってみたいなぁーというエネルギーチャージの時間になった」というコメントからも伺える。また、「人と異なる意見を述べることは勇気がいるが、カードを使うことで、一人一人が違うことを言っていいと思えた」など、思考を補助するツールを媒介としたことによる影響も伺えた。つまり、「安心して発言ができる」「ワクワクする」「何かしたくなる」という人間同士が気さくにかかわる楽しさや面白さの実感を伴いながら相互作用が起きていたといえるだろう。

　なお、一定程度の関係性ができていないと、上記のような相互作用が起こらないことも語られた。自己開示に躊躇するような人にとっては、このようなワークを行っても意見を言いにくいことを危惧するコメントもあった。また、年度末反省を控えた時期や、校務分掌の会議などで相互の認識を改めて確認し合いたいときなどに、今回のようなワークを取り入れることで話しやすくなるかもしれないとの提案があった。

　このように、安心して交流できる場づくりは、多様な考えを受け止め、新たな気づきを生み出す相互作用が起こる前提となるであろう。以上の校内研修において出された認識等を**図３**に整理した。

環境づくり

◎研修テーマの検討
　自身の認識を言語化し、相互交流を交えて認識の再確認や新たな気づきを得ることや、相互理解につながるヒントを得る（校長として実施を明示）
◎プログラム開発
　外部支援者と検討チームで協働して作成（未来に開かれた問い）、研修ツール

外部支援者

対話

［相互作用が起こっている場面の状況］

人間同士が気さくにかかわる楽しさや面白さの実感を伴っていた

○ 身構えずに気楽にワイワイとやりとりする様子
○ 「次から次へと湧き出る感覚にワクワクした。何かやってみたいなぁーというエネルギーチャージの時間になった」
○ 「人と異なる意見を述べることは勇気がいるが、カードを使うことで、一人一人が違うことを言っていいと思えた」

［相互作用から生み出されたもの］

先輩教員との新たな関係性の見通しが立つ

経験が浅いからこそ、豊富だからこその気づきがあると感じた。先輩の助言をそのまま受け入れるのではなく、自分としての考えをしっかり持とうと思う

一定程度の関係性が必要

自己開示に躊躇するような人にとっては、このワークを行っても言いにくい

・無意識な自身に気づく
・自身が知らなかった他者を知る
・自身と他者の類似点に気づく

カードを使ってイメージしたことで、普段自分でも意識していない考えが明確になった

今まで知らなかった他の先生の考えを知ることができ、新たな視点を持てた

よく話を聞くと、私と思うことが似ていると感じた

カード1つの説明でもさまざまな考えがあり、先生方の多様な考えを知ることができた

職場の関係性を築く場面が具体的にイメージされる

ベテランと若手が、しっかり話ができる環境が必要。それぞれ考えも個性も違うので、お互いを尊重しながら前に進めていきたい

一人一人の見ている学校の姿が同じようで異なる点も多く、職員室内での交流が重要であることを強く感じた

仲良くなるだけではなく「同僚性」を高めることでこれからの学校づくりにつながる

図3　学び合う基盤づくりの校内研修で出された認識等の概観

令和3（2021）年1月25日　剣淵町立剣淵高等学校校内研修

ワークシート1

ワークショップ1「これからの学校とは？」

◎　ワークシートは、書くこと自体が目的ではありません。メモとして活用してください。

 ワーク1

「あなたにとって、『これからの学校』とは、どのようなものですか？」

なお、学校教育には、「知識・技能の習得」「思考力・判断力・表現力等の育成」「学びに向かう力・人間性の涵養」という役割があり、その実現に向けた学校教育目標があります。これらを踏まえて考えてみてください。あなたが抱いている『これからの学校』のイメージに近いカードを1枚だけ選んでください。

> カードの名前　例「砂時計」※名前が付けられなければ記入する必要はありません。

ワーク2

カードを選び終わったら、あなたが『これからの学校』を考えた際に思い浮かぶキーワードを3つ挙げてください。

ワーク3

3つのキーワードが、どのように関連しているのかを、ストーリーにしてみてください。

 ワーク4

参加者で、共有しましょう。

①1人1分間程度で述べてください。

②述べる内容は、次の3点です。

「選んだカードを教えてください。」※他のメンバーにカードを見せてください。

「そのカードからイメージしたキーワードを3つ教えてください。」

「3つのキーワードを使って、あなたのこれからの学校を1分間程度で述べてください。」

引用文献：坂田哲人、中田正弘、村井尚子、矢野博之、山辺恵理子『ファシリテーション入門』2019年、一般財団法人学び続ける教育者のための協会（REFRECT）、pp.64-69 を参考に筆者が作成した。

図1　使用したワークシート1

令和 3 (2021) 年 1 月 25 日　剣淵町立剣淵高等学校校内研修

ワークシート 2

ワークショップ 2 「『これからの学校』を実現するために？」

◎　ワークシートは、書くこと自体が目的ではありません。メモとして活用してください。

ワーク 1

『これからの学校』を実現するために、「今のあなた（あるいは未来のあなた）に必要な知識や技能とは何でしょうか？」

必要な知識や技能のイメージに近いカードを 4 枚選び、キーワードを書いてください。

選んだカード 1 キーワード	選んだカード 2 キーワード
選んだカード 3 キーワード	選んだカード 4 キーワード

ワーク 2

参加者で、共有しましょう。

①1 人 2 分間程度で述べてください。

②述べる内容は、次の 2 点です。

「選んだカードが、それぞれ『どのような知識や技能』を表しているのかキーワードで教えてください」

「今のあなた（近未来のあなた）にとって『最も重要なもの』はどれですか。それはなぜですか。」

③ワークショップ 1、2 を行い、参加者同士で気づいたことを交流してください。

引用文献：坂田哲人、中田正弘、村井尚子、矢野博之、山辺恵理子 『ファシリテーション入門』 2019 年、一般財団法人 学び続ける教育者のための協会(REFRECT)、pp.64-69 を参考に筆者が作成した。

図2　使用したワークシート 2

―2021年度第1回研修会：「行動につなげる校内研修をどのようにデザインし実践すればいいのか」

（1）実践の概要

　実践事例2は、問題から課題を探究することに着目し、教員研修モデルのプロセス1～3までを中心に展開した実践である。実践事例1の校内研修以降は、職員室内で教職員間のやりとりが徐々に増えており、中堅教員の間で、若手教員の困り感を把握して支援を考えることができる職場となるにはどうしたらいいかという新たな問いが共有されるようになっていた。そこで、このような問いを基に、チームのメンバー（管理職、中堅教員、筆者）で意見交換しながら、校内研修を企画した。参加者は中堅教員2名と若手教員7名（担任経験者2名、未経験者5名）と筆者であった。

　前半のワークの所要時間は80分間に設定し、筆者が全体のファシリテーターとなり、中堅教員2名は、グループのファシリテーターを務めた。校内研修プログラムは、担任経験のある若手教員が自身の困り感を言語化し、相互交流を交えて困り感の背景や要因を探り、参加者が自身としての解決方策を考えることを目標とした。

　グループ数は2グループとし、1グループのメンバーの構成は、中堅教員1名、担任経験のある若手教員1名、担任経験のない若手教員（2名から3名）とした。

　後半ワークの所要時間は40分間に設定し、筆者が全体のファシリテーターを務めた。前半のワークからヒントを得て、自身の行動につなげる校内研修を考えることを目標とした。

【前半】

ステップ1 事例提供

　中堅教員から、ここでの発言等はこの時間内のみで共有することから、安心して発言してほしい旨を伝えた後に、現在担任である若手教員（以後「提供者」という）がこれまでの業務で困った事例を紹介した。ただし、自身が行おうとしている今後の方策は発表しないようにした。担任未経験の若手教員（以後「参加者」という）は、紹介された内容を**図2**の記録用紙を用いて記録し内容を理解した。

ステップ2 情報収集

　中堅教員から、簡潔で具体的に質問すること、他の参加者と協力し重複した質問や質問の独占を避けることなどの留意点を説明した後に、困った事例の解決に関係があると思われる事実を参加者が順番に質問し、提供者が回答した。収集した情報は記録用紙（**図4**）の項目3に記録するようにした。続いて、参加者が個人で記録用紙の項目2と4に基づき、事案が解決したときの状態や自身としての解決策の提案を考え記入し、解決方策検討の意見交換の準備をした。提供者は、記録用紙（**図5**）の項目1に、自身として考えている（すでに実施した）解決に向けた方策を記入した。

ステップ3 解決方策の意見交換

　中堅教員から、意見交換の留意点として、他者の意見を非難しないこと、他者の意見に賛成する意思表示は可能であること、意見交換中に自身が考えた解決方策を補強してもよいことなどを説明した後に、参加者が記録用紙（**図4**）を基に、自身が考えた解決方策を順番に発表した。提供者は、提案された解決方策を記録用紙（**図5**）の項目2に記入し、自身が考えている方策と照らし合わせながら聞いた。

ステップ4　事例提供者の感想の共有

中堅教員から、自身の質問や提案が、提供者にとってどのように受け止められたかや、このようなやりとりから感じたことを考えながら聞くよう説明した後で、提供者が参加者の質問や解決方策と関連づけて感想を述べた。参加者は、提案者の感想を聞きながら自身で考えたことや感じたことを記録用紙の項目５に記入し、グループワークを振り返った。

ステップ5　全体交流

中堅教員が、担当したグループのワークの観察や記録用紙の記述内容など、自身が把握した状況を報告し、自身の感想も発表した。参加者は、それぞれのグループの発表を聞きながら、自身が考えたことや感じたことを記録用紙の項目６に記入してグループワークを振り返った。

事例検討会 記録用紙［参加者用］
令和４年１月13日（木）
13:00-15:00

1　事例提供者の事実（場面や内容等）
2　困った事案が解決したときの状態
（参加者自身で想像する）
3　情報の収集
（解決方策を考えるうえで必要な情報を収集するための提案者への質問事項）
4　解決策提案「私ならこうする」
5　グループ考察
6　全体考察

図４　事例検討会　記録用紙［参加者用］

事例検討会 記録用紙［事例提供者用］
令和４年１月13日（木）13:00-15:00

1 自身として考えている解決に向けた方策
2 参加者が提案した解決策
3 提案を受けての比較・検討
4 本ワークで気づいたことや感想
［グループ］
［全体報告］

図５　事例検討会　記録用紙［事例提供者用］

【後半】

　後半のワークでは、まず前半のワークから、これまで参加者自身が感じていた不安が、どのような要因によるものだったと考えたのかを順番に発表した。その後、不安の解消に向けて必要なことは何か、それをどのような場面で行動に移せそうかを意見交換した。この間に中堅教員は、参加者が感じる不安の要因と職場の人間関係のかかわりが、どのように影響しているのかを把握することに努めた。例えば、自身のどのような思考や行動が若手教員の不安や行動に影響を与えていたか、自身に求められるかかわりや支援の場面などを考えながらワークを参観した。

　次に、参加者全員で前半のワークを踏まえ、今後の自身の実践につながる校内研修はどのようなものかを考えた。その際、研修前、研修当日、研修後と日常の実践の各段階を想定し、必要となる要素を考えた。また、その実現に自身がどのようにかかわろうとするのかも検討し共有した。また、中堅教員は、研修中の参加者の発言、行動、記録等から、現段階において行おうと考えた支援方策を発表し全体で共有した。最後は、ファシリテーターを務めた筆者が、本日の研修会で気づいたことを参加者と共有して終了した。

（2）実践から把握できた教職員の認識と考察

ⅰ　チーム活動の意義

　実践事例2は、実践事例1の気づきや職場の変化等から、若手教員への支援を考えたいという中堅教員の思いから端を発し、チーム活動で校内研修の実施とプログラムを企画した点は、学び合う基盤づくりを考えるうえで示唆的である。

　これは、本章のアップデートの方向性で示した、「校内研修を具現化するプロセスを整える」の2点目の「第2回以降の実施の有無は事前に

設定しない。必要に応じて開催する」と、４点目の「教職員の受止や業務への還元状況に着目し、その結果をプログラムに反映させる」が生かされていたといえる。さらに、このような発想を具現化するために、チーム活動が工夫された。例えば、中堅教員と筆者でファシリテーションの進め方を意見交換しながら校内研修の試行を行った。

　また、提供者を交えて、提供する情報やワークの進め方を一緒に検討するなど、メンバーの範囲を広げたことなどが実践事例２の特徴的な取組であった。これらの活動により、中堅教員は学び合う基盤づくりにかかわるうえで必要となるファシリテーションを体験的に学びながら、実践での見通しをつけた。提供者は、プログラムの作成に参画する機会となり、自身のかかわりもイメージできた。これらの点は、教員研修のアップデートを目指す際に、チーム活動をどう位置付けるかの参考となる。

対象者を限定した学び合う枠組みの設定

　前述したとおり、剣淵高校は教員構成上、他校経験がない若手教員の割合が高い学校である。今回のプログラムで着目したい点は、中堅教員が一方的に助言や指示を行うのではなく、若手教員同士で不安の背景を探り、現段階でできる行動を発見するために、実践事例１と同様に、「ヨコの相互作用」が働く場を意図的に設定した点である。実践事例２では、取り上げるテーマを踏まえ、場の参集範囲を若手教員と中堅教員に限定した枠組みとする工夫が行われている。中堅教員は、あくまで若手教員が学び合うための支援を行い、若手教員が安心して交流できる場づくりに貢献していた。

　また、若手教員が正直に発信する悩みや困り感は、中堅教員にとって自身のかかわりを考えるための情報となっていた、このように双方にと

って意義のある学びが展開される場となっていた。さらに、自身が解決したいと望む日々の実践上の問題などを俎上に挙げ、対話的なコミュニケーションを取り入れるなど、成人が学ぶ際に望む形態を工夫した点も実践事例１と同様のアプローチであった。

真因を探るコメント

次に、教員研修モデルのプロセス１のアプローチにより、前半から後半にかけて生み出されたことをみていこう。まず、参加者が抱えている問題は、担任業務に対して「漠然とした不安を抱えていた」「正直、研修が始まるまでは、担任を受け持ったことのない私に解決策を提案できるのか不安」というコメントが示すとおり、個別具体の事案に対するものではなかった。このように、担任未経験の若手教員にとって、担任業務の具体的な見通しがない中で、どのような問題が生じるのか、またどのように解決にあたればいいのかを思い描くことは難しいのである。したがって、先輩から解決方策の情報や助言が提供されたとしても実感として受け止められないことが、これらのコメントからも想像できる。

では、なぜこのような不安を持ってしまうのだろうかという問いを立てて、参加者のコメントに着目してみると、「自身だけではなく、不安等があることを知れた」「聞いてみると普段から私が抱いている悩みと変わらない内容であった」のように、自分だけが不安を感じているのではないかと認識していたことが伺い知れた。これは、日常的に不安を共有していない状況が背景にあるものと思われ、不安を出し合える職場の関係づくりの必要性を感じさせた。

この点は、参加者の「日ごろから担任とか部主任という立場は関係なく、悩みを共有することが大切だと思いました」や「自分では考え出せなかったことが他の先生方と対話する中で知ることができ、具体的にど

んなことをしてみたら良いのかまで考えるところまで行けた」「今回の
ような手法を用いることで、不安悩みの解決につながるヒントや情報の
共有が行えて、良いと感じた」などのコメントが物語っている。つまり、
若手教員が抱く不安の真因は、業務上の個別具体の問題に対応できる処
方箋を有していないことではなく、安心して不安を出し合いみんなで共
有しながら、どうしたらいいかをともに考える関係性の有無にあるので
はないかと思われた。

自分事として考える機会を設定する重要性

　前半のワークでは、提供者の困り感に対し、解決方策を提案すること
が求められた。参加者は、担任未経験でありながらも、状況を想像しな
がら自分であればどう対応するだろうかを考えて解決方策を考え提案し
ていた。これは、安心して意見交換ができる場の設定により、提供者の
困り感を理解するための質問から自分なりに困り感の要因を探ること
や、他者の考えを参考にしながら、自分なりの解決方策を考えることを
促したといえる。また、提供者の若手教員のコメントも示唆的であった。

> 「普段あまり気にしていなかった、担任としての不安について改めて
> 振り返りました。そうすると自分自身が気にしないようにしていただ
> けで、多くの不安を解決しないまま、業務に取り組んでいたことに気
> が付きました。今回、他の先生と悩みを共有し、アドバイスをいただ
> いたことで、自分だけでは、導けなかった解決に向けての方策が多く
> 上がりました」

　このコメントからは、他者とのやりとりを通じて自身を内省する機会
になったことや、担任未経験の若手教員から提案された解決方策のアイ
ディアが自身の参考になったという学び合う関係性を想起させるもので
あった。これは、経験の多寡により、教える側と教わる側という立場や

役割が固定化した関係性から、学び合う関係性へと転換するヒントともいえるだろう。

このような学びをさらに志向するコメントも見られた。「毎回異なる教員が提供者、参加者、司会者をローテーションして行っていくことで、先生方が抱える適応課題の共有や、解決に向けて取るべき行動の道筋が見えてくるのではないかと思う」「定期的に行うことが求められると思いました」「今の職場は若い人も多く同じような悩みを抱えている先生も多いはずです。また、教員歴が長い先生方も日頃からたわいもない話を聞いてくれる環境にあり、働きやすい職場であることを改めて実感しました。職員室でのコミュニケーションをもっと活用して、学校の運営に繋げていきたいと思います」「放課後に時間を作り、生徒と対話する習慣は自分も是非取り入れたい」などは、次の校内研修や自身が行おうとする業務への還元を具体的にイメージできているコメントである。さらに、「人間性を育ててこそ公教育の教員だと身が引き締まる思い」「教員としての仕事の醍醐味だと感じた」などからは、教師の仕事の意義ややりがいを考える機会となったことが伺えた。このように、自分事として考える機会を設定することの重要性が示唆された。

当事者として導き出した学びの枠組み

次に前半と関連付けて、後半に生み出されたものをみていこう。

後半では、今回の校内研修を踏まえながら、研修前、研修当日、研修後と日常の実践に必要な要素が出された。若手教員からは、研修前に必要な要素として、全員が、実際にあった事例や業務を行っていくうえでの不安などの情報収集を行うことをあげていた。また、「日常の教員間の会話の中で、考えを共有し校内研修の必要性があると判断した場合、研修を開く」というコメントもあった。さらに、「日々の業務の中で生

まれた疑問や不安、また生徒の教育に必要だと感じたことを自分なりに整理しておく。その中で、自分なりの解決方法や考えを巡らせておく」は、自身の実践を内省しながら振り返り、新たな学びの必要性に気づくことにつながる行動といえる。研修中については、研修前に収集したり自分なりに整理したりしたことを教職員で共有することがあげられた。

　また、共有の形態として、「グループでの対話を行う」「同じグループ内の教員が提供者、参加者、司会者をローテーションして行っていく」「グループをつくり、ファシリテーター、中堅教員、若手職員に分かれ議論を行う」などがあげられた。これらは、成人が学ぶ際に望む対話的なコミュニケーションと一致している。さらに、「教職歴数や個人でどのように対応策や考えが違うか、全体共有を行う」「課題に対しての具体的な行動が分かり、共有される」「様々な立場からの意見が言えるとより具体的な実践ができると思う」などのコメントは、相互の認識の違いを明らかにする方向性である。

　研修後や日常の実践に関しては、研修で得たことを基に日々の実践に生かしていく方向性が共通していた。具体的な場面やかかわり方として、「情報共有を意識して他教員とのコミュニケーションを行う」「実際に行動を起こし、経過を追う」「何人かの教員で集まり、対話・雑談・議論・討論のどれを行うのかを意識して、話し合いを行い、情報を共有する」「職員室での対話・雑談・議論・討論の場や機会を設ける」などがあげられた。

　つまり、若手教員が志向する校内研修は、研修前から研修後の実践への還元までのすべての過程において、不安や困っていることを安心して出し合い、みんなで共有しながら、どうしたらいいかを考える学び合いを求めるものといえた。

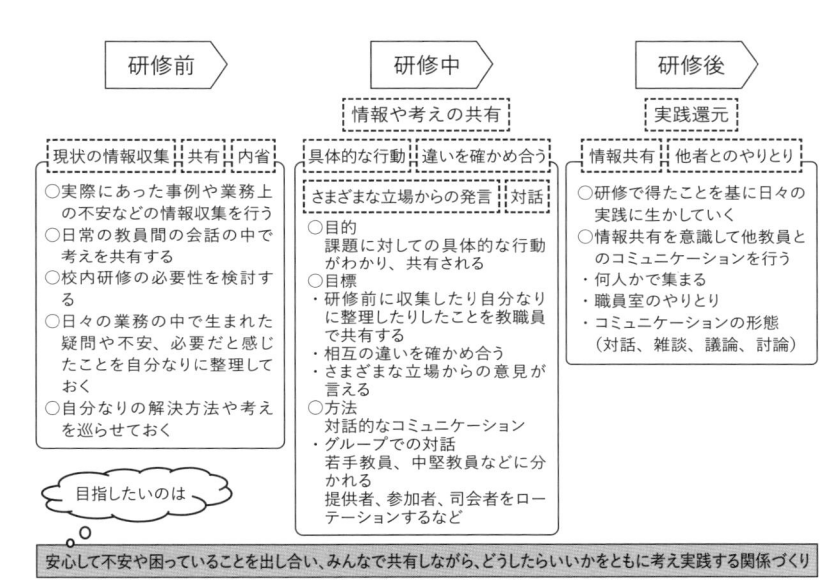

図6 若手教員が構想した校内研修モデルのイメージ

　このように、経験が浅い若手教員であっても、自身が感じる不安の背景を探ることからスタートして課題を設定し、解決方策を検討する過程を体験することで、当事者として学び合う枠組みを構想できることが示唆された。その際に、対話を通じてそれぞれの認識の違いを確かめ合うことや成人が学ぶ特性を踏まえることなどが反映されていた。若手教員が構想した校内研修のイメージは、**図6**のように整理できた。

中堅教員としての新たな役割の気づき

　最後に中堅教員からは、若手教員の支援において、「意欲的に場を設定すること（堅苦しくならないような配慮も含め）を率先してやっていきたい」との認識が語られた。また、ファシリテーターとしての体験により、「今回のファシリテートで、いろいろと口をはさみアドバイスし

たくなった点」を内省してみると、自身が、学校で生じている問題事象の何に関心があり、どの立ち位置から俯瞰しているかを考える機会になったとの気づきも語られた。

　このような体験を教員研修で行うと、日々の業務にもその体験から得た見方や捉え方が還元されるのではないかとの認識も示された。さらに、次のコメントは、学び合う基盤づくりを進めながら教員研修の枠組みを構想する際に示唆を与えてくれた。

> 「本校は、若年層の先生方が責任を担う場面が多々あり、その際には過去の蓄積、成功事例を参考にして若手の先生方は取り組みます（もちろん私もそうでした）。しかし、それはあくまで上っ面のものであり、経緯・過程については何も伝授されていないことが課題です。私個人としても、ミドルリーダーとしてこの部分が反省点です。経緯・過程を重視した引継ぎ、研修があることで、若年層の先生方は安心して取り組めるのではないかと思います。成功事例の裏には必ず失敗、エラー、予測不可能なことが付きまとうということ。でもそれは決して恐れるものではなく、それをきっかけに探究できることもあるということ。その探究の中には、課題に至るまでの経緯についての探究も含まれてくると思います。その探究の深さが、もしかしたら生徒にとっては、その先生の本当の見た目なのかなとも思いました。私自身、そういった部分をもっと磨いていきたいと感じた次第です」

校内研修のまとめ

　ここまで、校内研修の実践と考察を述べてきた。ここからは、アップデートの方向性で示した3点について、現段階で把握できたことを整理した。

①教職員の関係づくりを校内研修の目的として設定する

　ここまでに紹介した2つの実践事例のほか、3年間のすべての校内研修は、勤務校数や経験年数の多寡にかかわらず、相互に学び合い支え合う教職員の関係づくりを目的として位置付けていた。そこで、今回の実践から、教職員の関係づくりに関して特に意識されていた2点を整理した。

　1点目は、当該校が抱える教職員の関係性に着目し、どこにアプローチするのかを見定めることであった。剣淵高校では、校長の方針と職場の現状を踏まえ、教員研修モデルを活用して、どのプロセスをどのように展開するのかを検討していた。その際には、教員研修モデルを活用する必要性や必然性、実施時期等が検討のポイントとなっていた。また、プロセスのすべてを活用する必要がなく、部分的な活用も弾力的に検討していた。これらは、教員研修をアップデートする検討の進め方に関して示唆的であった。

　2点目は、日常の実践を学びの場として、学び合う基盤づくりのヒントを活用することである。特に学び合う関係づくりでは、若手教員にとっても中堅教員にとっても、自身を内省し、お互いに学び合うという互恵関係が不可欠である。したがって、対話においては、特に内省的な対話を意識して行えるようなワークを位置付けることが重要となる。

　実践事例2の前半のワークでは、自分の見方からだけではなく、相手の考えや思いを共感的に知ろうとする質問を位置付け、自身を内省しながら考えることを促した。このように、対話をトレーニングする場の意図的な設定や学び合う基盤づくりのヒントを活用したプログラムが作成されていた。このプログラムに位置付けられた活動からは、職や経験の差を飛び越えて、対等な立場で考えたと思われるコメントがいくつも確

認できた。また、見方や捉え方が異なることを認識しながら相互理解を図ったり、職員室や業務場面でのかかわり方をイメージしたりするなどのコメントもみられた。さらに、校内研修後に職員室でのやりとりが増えたり、若手教員の困り感に関心を持ったりするなど、教職員の関係性の変化も伺えた。

このように、業務を学びの場ととらえ、対話を体験する機会を意図的に位置付け、安心して交流できる場をつくり、経験の多寡に依拠しない問いへの答えをやりとりすることが、剣淵高校の教職員の関係性づくりに資することが把握できた。

②検討チームをつくり、チーム活動を行う

検討チームを編成し、教職員の考えを把握したり、校内研修を構想したりするチーム活動から把握できたことは、校内研修を構想するプロセスを体験する重要性である。特に実践事例2では、中堅教員が若手教員を支援するための校内研修を構想したいという発想を具現化するために、チーム活動のメンバーの範囲を若手教員に広げての打ち合わせや体験が行われた。

そこから、同じような不安を有する若手教員を対象として、安心して交流が行える場の設定や中堅教員が若手教員の学びを支援する校内研修のプログラムが作成された。その中で、若手教員同士で校内研修を構想した活動は、勤務校で解決したい課題を設定して教員研修を自ら創り出すチーム活動を行ったといえた。

このように、教職員の関係づくりに関して、日常の業務と校内研修での学びを関連付け、チーム活動のメンバーを拡大したり実際にチーム活動を体験する機会を設定したりすることの意義が示唆された。

③校内研修を具現化する

　前述したとおり、校内研修のプログラムを具現化するための流れでは、必要に応じて開催することとしていた第2回目以降の校内研修が、チーム活動での検討を経て実施された。また、実施した教職員の受止や業務への還元状況に着目し、その結果をさらに次のプログラムに反映させるという具体の実践が見られた。これらは、学び合う基盤づくりにおいて示唆的であった。さらに、教員研修モデルを活用する際に意識しておきたい点も整理できた。以下にその3点を示す。

　1つ目は、校内研修の企画と運営についてである。参加者のコメントからは、未来に開いた問いを設定し、自身のかかわりを問うことから、気づきや新たなアイディアが生み出された。また、思考を補助するツールの使用も有益であった。このように企画と運営を工夫することで、職や経験の差を飛び越えて、安心して対等な立場でやりとりできる土台をつくる手応えを感じることができた。ただし、これらの取組に対する個人の受止には濃淡があり、次に続く校内研修の企画にあたっては、この点を踏まえた配慮も必要と考える。

　2つ目は、継続して取り組む体制づくりについてである。教職員の関係づくりは一気には進まないことを踏まえると、年度末反省を控えた時期や、相互の認識を改めて確認し合いたい時などに校内研修を位置付けるなど、必要性と必然性を踏まえて継続的に取り組む体制を整備する重要性が確認できた。ただし、人事異動に伴う教職員構成が変わったときの関係性づくりや新たな取組の構想については、今後の課題として残された。

　3つ目は、「ヨコの相互作用」が働く状況を見つけて、次の校内研修へとつなげる働きかけを行う重要性である。実践事例1では、職場の関

係性を築くためにやりとりする場面が具体的にイメージされた。したがって、これらの場面でどのようなやりとりが行われているかを観察し、相互作用が促進されるような働きかけを行うことが期待される。ここにアプローチすることで、相互作用から生まれた気づきを基にして、教職員が次の校内研修を創り出す提案を行うことも期待される。

剣淵高校では、校内研修での相互理解が、そのあとの職員室でのやりとりや業務において生かされたとのことであった。例えば、「いつも○○しているのは、△△を大切だと考えていたからだろう」という想像を伴って他者を見るようになったとのことである。また、校内研修で考えた「これからの学校」を基に、チームのメンバーの範囲を広げて次の校内研修の検討がなされた。その結果、「地域とともにある学校」「スクールポリシー」に焦点化した校内研修が実施されている。これは、同校が、地域の人材や産業、自然環境などの資源を最大限に活用し、地域とともに生きる人を育てることを重視していることを踏まえた方向性である。

このように、必然性や妥当性を伴う校内研修を構想していく基盤づくりの扉が開かれた実践であったといえる。

本章を閉じるにあたって、僭越ながら、今回の校内研修を展開された関係者への期待を申し上げる。これまで、研修が業務に還元されず、目指す結果につながっていないことは、企業でも学校でも指摘されていることである。また、職場の関係性づくりの重要性は認識されながらも、そのプロセスを勤務校の実態を踏まえて開発しようとする校内研修は未開発であったといえる。今回紹介した実践は、これらに対して１つの方向性を示すことができたと考える。なお、このような取組は、端緒に開いたばかりであり、今後は、さらに試行錯誤を重ね、その結果の広い発信がなされるよう期待したい。

第 **3** 章

アップデートされた
校内研修の実際

―名寄市教育委員会の事例―

ここからは、第2章に続き、3つのアップデートポイントを元にアップデートさせた教員研修の実際を紹介する。

　実践地域は北海道名寄市の小中学校のスクールリーダー研修会（以下、SL研修会）および、同研修会と関連付けて行われた管理職研修会である。紹介する2つの実践事例とアップデートポイントとの関連は**表1**のとおりである。研修テーマは2事例とも、日常の業務を学びの場とし、学校課題の改善や教職員の学び合う基盤づくりに関するスクールリーダーや管理職のかかわりを考えることとしている。また、第1章で示した教員研修モデルのプロセス1〜4をすべて展開しながら、それぞれのプロセスにおいてアップデートを図ろうとするものである。

　教員研修の枠組みは、外部支援者を交え、学校を超えた学び合いと勤務校の教職員を巻き込みながらの実践を交互に行い、最終的には、勤務校の業務に還元する取組を生み出す流れである。この流れを支援する名

表1　名寄市教育委員会の教員研修および管理職研修におけるアップデートの着眼点の反映概要

	研修テーマ	日常の実践を学びの場とする教員研修モデル	教員研修の枠組み
実践事例1	「各校の教職員一人一人が、自身の業務と関連付けて『働き方改革』を考え、それを業務で具体化するためには、教務主任がどのようにかかわることができるか」	プロセス〈1〉から〈4〉までを展開した。	学校を超えて学ぶ SL研修会（チーム活動） ※教職大学院の支援 ＋ 業務還元（全教職員）
実践事例2	「各校のスクールリーダーが、勤務校の『働き方改革』を推進するための行動を考え実践するために、管理職はどのようにかかわることができるか」	プロセス〈1〉から〈4〉までを展開した。	学校を超えて学ぶ管理職研修 ※教職大学院の支援 ＋ SL研修会との関連付け（チーム活動） ＋ 業務還元（全教職員）
2つの実践事例に共通した名寄市教育委員会や校長の役割 〈2〉検討チームを編成しチームづくりの場を設定する　〈3〉新たな教員研修を具現化する 〈4〉行った教員研修を価値付ける　〈5〉研修結果が業務に還元されるように支援する			

寄市教育委員会や校長会は、第1章で示した5つのヒントのうち主に4つに基づき、学び合う基盤づくりと新たな教員研修の枠組みづくりを支援した。

アップデートに取り組んだ教員研修の実践事例 1
2023年度スクールリーダー研修会

（1）誕生の経緯と概要

　名寄市では、2011年度までの間、教育の内容や方法等に関する調査研究を行う名寄市教育研究所の中に指導改善検討委員会等の組織をつくり、その都度、喫緊の教育課題に対応していた。このような取組を進める中、従来の教育研究所の取組のほかに、総合的に学校教育を見直し、効率よく諸課題の解決を図る必要性が高まり、2022年度に名寄市教育研究所内に名寄市教育改善プロジェクト委員会が設置された。この時期には、各校の教務主任による自主的な研修活動が行われていた。

　その後、2015年度に名寄市校長会が、各学校の学校運営において教務主任による自主的な研修活動が重要な取組であるとの認識を示し、名寄市教育改善プロジェクトの1つの研修プログラムとして、研修研究グループが位置付けられることになった。

　現在は名寄市教育研究所の「第3次名寄市教育改善プロジェクト委員会」が3つの研究グループを編成して、「児童生徒に『生きる力』を育み、夢と希望を拓く名寄市教育の創造」を推進テーマとして活動している。研修研究グループの構成員は、市内の小中学校の主幹教諭や教務主任の教諭で、これからの学校教育をけん引するスクールリーダー養成が主な目的であった。活動は11校（小学校7、中学校4）のスクールリーダ

ーの力量を高める研修の充実、次代を担う組織的・戦略的なスクールリーダーの育成、小中で連携した教育活動、市内で統一した取組の発信の3つが位置付けられている。

　研修形態は、実践上の課題解決の方向性を研修会で検討して、日常の業務で実践し、再び研修会で実践を確認して変更や修正を加えるという構造になっており、まさに業務自体を学びの場とした研修の在り方といえる。開催時間は1時間と限定しており、運営は研究グループの主任と副主任（校長）、研究主任と研究委員（教頭）が相談しながら行っている。

　このように名寄市では、教育委員会や校長会、教頭会等が連携し、長年にわたりスクールリーダーを育成する研修会を運営してきている。なお、ＳＬ研修会を含め、研究グループの実践結果は、名寄市内の教職員が参加する名寄市教育研究会（毎年1月に開催）にて報告されている。

（2）スクールリーダー研修会のアップデートの方向性

　筆者は2022年度から2年間にわたり、同市による教員研修アップデートにかかわってきた。その基本的な方向性は次の3点である。

①勤務校を超えたスクールリーダー研修会の枠組みをつくる

　1点目は、スクールリーダーを育成する研修会をどのように企画・運営するかについてである。組織としての学校力の向上は、実践の改善のための支援やアイディア、フィードバック等の提供や、お互いに省察し合える教職員間の関係性をどう築くかにかかっていることは第1章で述べたとおりである。そこで、スクールリーダーには、職場で生じる矛盾や問題に対して、同僚であることを生かして教職員とともにアイディアを生み出し、対応することが求められる。しかし、実際には、勤務校の教職員構成や学校規模等によっても進め方が異なり、勤務校ならではの特殊解を生み出さなければならない。

　また、教員構成によっては、若手といわれる教職員がスクールリーダーの役割を果たさなくてはならない場合や、人事異動直後で勤務校の状況を十分に把握していない段階でその役割を担う場合もある。経験があるスクールリーダーでも、これまでの経験則では対応に不安を感じている場合もある。このような状況に加え、参集されているメンバーのように勤務校において１人職である場合には、こまめな情報共有と相談を可能とする学校を超えたつながりも重要となる。したがって、ＳＬ研修会の枠組みは、名寄市のように学校を超えて学び合う体制を構築することが重要となる。また、研修プログラムについては、メンバー相互の悩みや思いを出し合い、「組織内外の関係者との協働を実現するためのコーディネート力やコミュニケーション力の向上」（第１章参照）を目指すことも今日的な課題といえる。

　そこで研修会では、名寄市の既存の枠組みを活用して、研修テーマに基づく実践を勤務校でどのように展開するのかを、メンバーで検討したり体験したりする活動を行うこととした。この活動では、学校課題の改善や学び合う基盤づくりにスクールリーダーがどのようにかかわることができるのかをメンバー同士で考えるのである。

　なお、他地域で同様の実践を構想する際には、このような枠組みを新規に構築しなくても、既存の枠組み（校務分掌の主任等を対象とした研究協議会等）を活用しながら、教職員の関係づくりに必要なテーマを設定し、研修と勤務校での実践とを関連付けるという企画と運営も考えられるだろう。

②実践的なテーマと勤務校に応じた目標や取組を考える

　２点目は、勤務校に応じた目標の設定や取組の検討についてである。日々の業務を俎上にあげた教員研修において、スクールリーダーのかか

わる場面を想定すると、教職員が感じている問題から課題を設定し、校内で解決方策を検討して業務に還元するという過程を一体的に扱えるテーマ設定が実践的であろう。この意義は、第1章や第2章でも述べたとおりである。ただし、それぞれの学校の実態に応じて特殊解を生み出すためには、テーマは共通であっても、勤務校の学校種や学校規模、教職員構成等を踏まえ、実態に応じた自由裁量の幅を広く設定できるような配慮が必要となる。

このような配慮により、教職員が考える問題から勤務校に必要となる実践的な課題の設定がしやすくなる。また、取り組む目標や方法についても検討しやすくなるだろう。そこで今回は、目標や取り組む方法等に関して、勤務校の実態に応じて設定できるようにした。このような自由裁量の幅を広く設定することで、スクールリーダーと教職員とのやりとりが必然的に生じることになる。そこでこの過程において、どのようなやりとりが行われ、どのような気づきや学びが生まれたのかに着目すると、勤務校の学び合う基盤づくりに必要となる要素が導き出せるかもしれない。実態に応じた自由裁量の幅を広く設定できるような配慮は、このような点からも意義があると考える。

③集まって学ぶ機会と勤務校で実践する機会を交互に設定する

3点目は研修形態についてである。研修会での学びを業務に還元することについては、名寄市が行っている、集まって学ぶ機会と勤務校で実践する機会を交互に設定する研修形態が望ましいであろう。例えば、最初に集まって学ぶ際には、今後の見通しをつけるために、関係性の構築や問題の捉え方等に関する基本的な理論を学び、勤務校の実践場面での展開を検討したり、実際に体験したりすることが考えられる。その際、意見や疑問をお互いに気軽に発言し合えるような場の設定と運営が求め

られる。このように行われる教員研修であれば、参加者同士で持ち寄った共通理解や蓄積が生まれ、お互いを理解し気づきを共有する関係性も生まれてくることが期待できる。併せて、勤務校で教職員とかかわるときのイメージをもたせることにもつながる。なお、時間や距離の関係からＩＣＴの活用も想定されるが、人が集まって交流することから生じる相互作用の影響も考慮しながら実施形態を検討する必要がある。

　次に、勤務校での実践では、研修会で構想した方策を教職員とともに実際に行うのである。そして、実践後の研修会においては、実践で難しかったことや手応えを交流するなど、スクールリーダー同士で実践へのフィードバックを行き来させたり、自身を内省したりしながら、必要な修正を加えて次の実践をイメージするのである。このような活動を繰り返すことで、スクールリーダーのかかわりについて、概念的な理解を導き出したい。最後の研修会では、勤務校の実践から何を明らかにでき、今後の課題として何が残されたのかを整理して、次の課題の設定につなげる循環を生み出すのである。

　このように、研修会と勤務校での実践を交互に行う研修形態により、学校課題の改善過程の構想と実践、実践からの修正と再度の実践という流れを、スクールリーダーと勤務校の教職員が一体的に体験することができる。これは、単に研修結果を業務に還元できるばかりではなく、スクールリーダーが物事を深く洞察できるようになることや学び合う基盤づくりの観点からも意義があるといえる。また、集まらない期間であっても、情報の共有ができるようＩＣＴを活用できる環境（クラウド等）の整備も不可欠となる。さらに、日々の業務を研修テーマとして設定し、研修会と勤務校での実践とを連動させる研修形態では、管理職（特に副校長、教頭）のかかわりが重要となる。したがって、このような研修会

をサポートする管理職のかかわりについて学ぶ管理職研修会も必要となる。このことに関しては、後述の実践事例２で述べる。

（３）実践の概要

実践事例１は、2023年度の研修会（**図１**）の実践である。研修会に期待されていたことは、各学校の働き方改革が推進されるようスクールリーダーのかかわりを考え、実践することであった。そこで、集まって学ぶ場面と勤務校で実践する場面において、教員研修モデルのプロセス１〜４までを位置付けることとした。

まず、研修会で取り上げるテーマは、運営者と相談のうえ「各校の教職員一人一人が、自身の業務と関連付けて『働き方改革』を考え、それを業務で具体化するためには、スクールリーダーがどのように関わることができるか」とした。また、ＩＣＴを活用し、勤務校での実践の記録を共有できるような環境が整備された。

なお、今回扱う働き方改革は壮大なテーマであり、勤務校の状況もさまざまであることから、メンバーが、どこから考え何から始めればいいのかを構想することが難しかった。実際に第１回の研修会では、メンバーの戸惑いが見られた。そこで、具体的に取り組むための作業課題が必要であった。取り組む６か月間を前期（６〜７月）と後期（８〜11月）に分け、まず前期には、現状（働く環境、働く人の意識や思い、生じている働き方の問題等）を明らかにすることを位置付けた。なお、学校の責任と権限の範囲で実施可能な領域で取り組むこととし、教職員が「解決したい」と考えていることを把握した上で、職場の達成可能な目標を設定して職場で共有することとした。併せて、自身のかかわり方を明らかにすることも位置付けた。後期は、目標を踏まえた取組を具体化することとした。そして、取組の過程で明らかにできたことを整理し、働き

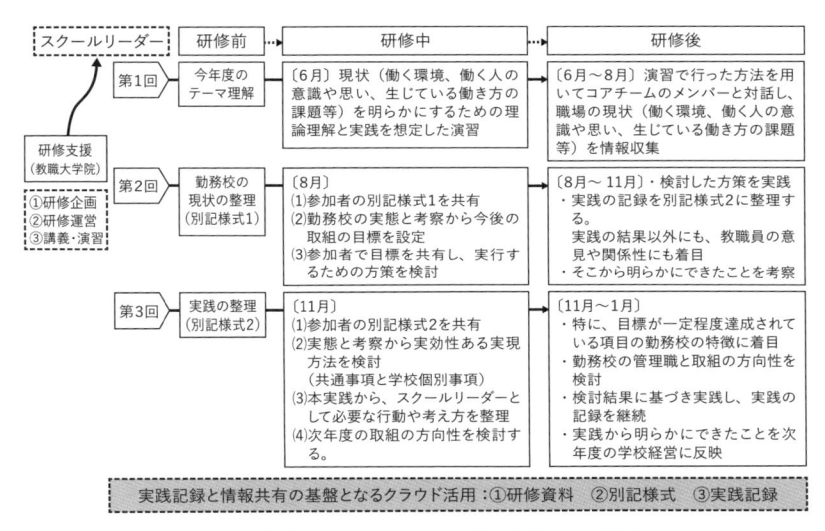

図1　名寄市スクールリーダー研修会の概要

方改革を進めるうえで勤務校に必要な要素を整理することを目指した。

　さらに、次年度にどのように反映させるかを考えることを作業課題とした。取組の過程は、クラウドを活用して、研修会資料の共有のほか、メンバーが実践を記録し、メンバーとの共有や自身の省察に活用することとした。

（4）実践から把握できたスクールリーダーや教職員の認識と考察

①第1回（5月31日）　働き方改革が目指すものを共有する

　第1回の研修会は、教員研修モデルのプロセス1（自分の組織の「課題」を探る）を中心に展開した実践である。メンバーが勤務校の働き方改革の現状（働く環境、働く人の意識や思い、生じている働き方の課題等）を明らかにするための演習を行った。具体的には、働き方改革や時間を確保したい業務に関する自身の認識を確認し、それをメンバー同士

で共有し気づいたことを交流する活動である。これは、第1回の研修会の後に勤務校で行う同様の実践を想定した体験でもあった。

┊ 自身の認識の確認

　まず、個人端末を活用してワークシート1（**図2**）の流れに従い、最初に自校の働き方改革の目的について、メンバー自身の考えを書き出す個人ワークを行った。その際、考えたことがなかった場合にはその旨を正直に記載し、なぜ考えたことがなかったのかを自身で考え記載するよう促した。メンバーからは、健康の維持、業務の精選、ワークライフバランス等が網羅的に出された。続いて、教務主任として、時間を確保したい業務（全教職員にかかわる）について考えた。ここでは、全教職員にかかわるさまざまな業務があげられる中で、「改めて考えてみると何だろう」「このようなことは聞かれたことがない」など、他者からの問いかけややりとりで考えるきっかけを得たり、「教職員に聞いてみないとわからないよね」と教職員とともに考える必要性を再確認したりする様子も見られた。さらに、「さまざまな業務が思い出され、つながっているから焦点化が難しかった」「順位をつけられない」という学校の働き方改革の本質に迫るコメントもみられた。

　このようなコメントからは、現状に対する自身の認識を問うことで、これまでの自身の見方から離れて問題を捉え直し、職場で何が起こっているのかを広く見るきっかけになることが伺える。また、内省し、思考を整理することにもつながるようであった。ただし、問う側が何を求めているかを考え、それに沿った答えを考えたというメンバーの心情も聞かれた。このことは、勤務校の実践でも想定されることであり、個人の認識を問う際には、思いつくことを率直に答えてもらう謙虚な問いかけを工夫し、正解を探すような思考に誘導してしまうことがないようにす

【第1回資料②】ワークシート1

勤務校〔　　　　　　　〕・氏名〔　　　　　　　〕・教職歴〔　　　〕年

1　自身で考える

(1)　「自校の働き方改革の目的」（2分間）

> ※自身の考えを記述してください。

(2)　「教務主任として、時間を確保したい業務（全教職員に関わる）」（2分間）

> ※自身の考えを記述してください。

2　グループで交流する（30分間）

(1)　「自校の働き方改革の目的」

> ※自身と共通していたことを記述してください。

> ※自身と異なっていたことを記述してください。

(2)　「教務主任として、時間を確保したい業務（全教職員に関わる）」

> ※自身と共通していたことを記述してください。

> ※自身と異なっていたことを記述してください。

(3)　明らかにできたことを整理する

> ※なぜ、同異が生じるのかを検討する。
> ※「自校の働き方改革」の目的を参加者で検討する。
> ※このワークで気付いたことを整理する。

図2　第1回研修会　ワークシート 1

ることが示唆された。

相互の認識の共有

　次の段階は、相互の認識を出し合い、その同異を確かめ合うグループ
での交流である。本研修会のメンバーは、定期的な研修会以外にも、日
常的な連絡や相談を繰り返してきていることから、安心して意見交換が
できる関係性ができていた。すでに個人ワークの段階から、自身の認識
を出し合い、考えの背景や理由を質問したり、自分も同様に感じている
ことを出したりと、率直な意見や質問の交換が行われていた。

　ただし、このような状況であっても、相手の認識に対する評価を一旦
保留して、共感的に聞くことを改めてメンバーで確認した後にグループ
交流を行った。特に、出された意見に関して、素朴な疑問を質問したり、
なぜそう考えたのかというように背景を確かめ合ったりするやりとりを
意識的に行うことを共有した。交流では、「やっぱり、そう考えていた
んだ」など、認識が同じであったことをお互いで確かめ合えたほか、「こ
う考えていると思っていたが、違うところに要因を感じていたのか」「そ
こに困っているのか」というメンバーの新たな一面を発見するなどの気
づきもあった。交流を通じて、職場で働き方改革を進めていくためには、
今回の研修会と同様に一人一人の教職員の認識や関心がどこにあるのか
を知ることから始める必要性が、実感を伴って共有された。

　なお、今回のワークは、勤務校に１人の教務主任という立場で、同じ
ような困り感を有しているスクールリーダーであるという関係性が話し
やすい状況を生み出していると、メンバー間で実感されていた。また、
お互いに理解し合えていると思っている関係性であっても、その認識を
一旦保留し、率直に意見を言い合える場づくりが、相互の理解をさらに
深める機会となることも示唆された。この点も、勤務校の実践で留意し

ておきたいこととして共有された。

勤務校での実践をシミュレーションする機会としての研修会

　一方、勤務校の実践では、多様な立場や考えを有している教職員を思い描くと、まず、話を聞く場の設定と聞く方法や目指すゴールの姿をどう設定したらいいかを考える必要性が語られていた。そこでメンバーは、認識の把握を行う際の場の設定の手順、聞き取り方、そこから生じる阻害要因等を出し合い、勤務校での展開を想定した交流を行っていた。このやりとりは、勤務校で行うチーム活動のシミュレーションといえた。このように、研修会での学びを業務に還元するには、自身が構想する実践について、阻害要因やより適切な方法をメンバー同士で探り、実践を体験してみる機会を設定する必要性が示唆された。

②第2回（8月22日）　勤務校の実態から今後の戦略を考える

　第2回の研修会は、教員研修モデルのプロセス1～2（関係者で「課題」の解決方策を出し合う）を中心に展開した実践である。

　メンバーが別記様式1（**図3**）を元に勤務校での実践の状況を出し合い、今後の戦略を検討する演習を行った。実践の交流では、教職員の認識の確認をどのように行い、どのような気づきがあったかを共有した。今後の戦略の検討では、勤務校の実践の目的、実践の内容、達成目標[1]、プロセス目標[2]の設定について確認した。これは、第2回の研修会の後に勤務校で行う同様の実践を想定した体験でもあった。

1　安斎勇樹、塩瀬隆之『問いのデザイン』2020年、学芸出版社、p.85。「設定した期間において、最終的に達成したい個人や組織の状態や、最終的に生みだしたい成果物の要件や質を規定したもの」との定義を用いた。

2　同上、pp.85-86。「成果目標に辿り着くまでに、問題状況の当事者たちにどのような気づきや学習が生まれると望ましいか、当事者たちの間にどのようなコミュニケーションが生まれると望ましいか、どのような関係性を重視したいか、など、プロセスにおいて重視したい目標」との定義を用いた。

実践の交流では、各校の教職員の認識の把握について、聞き取る場の設定をどのように行ったかに関心が寄せられた。メンバーは、管理職のほか、コアチーム[3]や校務分掌の教職員など、何らかの形で他者を巻き込む取組がすべての学校で行われていた。その過程では、メンバーの考えと相談した相手の受止との齟齬があり、引き続き相手の認識の背景を探る必要性も出された。

また、聞き取る教職員の範囲については、全教職員、コアチームの教職員、日ごろの業務でかかわりがある教職員という概ね3つのパターンに分かれた。これは、全教職員が一斉に取り組めるようにしたいとの考えや、まずは可能なところから部分的に進めようという考えなどにより生じたものであった。さらに、相手の認識を把握する方法に関しても交流された。勤務校でアンケート調査を行ったメンバーからは、全教職員の認識を広く聞きたいという思いがあったことが語られた。

一方、アンケートでは、型どおりの回答が予想されるとの理由で、第1回研修会のワークシートの問いと同様の問いを端的に聞いて、そこから自由に話してもらおうと考えたメンバーもいた。このように、本章のアップデートの方向性の②で示した「勤務校に応じた目標や取組を考える」を踏まえた実践の交流が行われた。このような実践からメンバーが実感したことは、「教職員一人一人が思っている働き方改革が、人によって目標値や視点が、すごく違うんだなっていうのを実感した」というコメントが端的に表している。その他にも、言葉にして共有することで認識の同異が明らかにできることや、メンバーの報告を共感的に受け止

3　コアチーム：働き方改革をミッションとした校務分掌上の組織。（出典「北海道の学校における働き方改革手引き」）

【第２回資料①】別記様式１

「働き方改革」に関する自校のコアチームメンバーの認識の把握

勤務校〔　　　　　　　　　　〕

１　コアチームメンバー（以下「メンバー」という）の認識

(1)　「自校の働き方改革の目的」

> ※メンバーの考えを記述してください。

(2)　「メンバーとして、時間を確保したい業務（全教職員に関わる）」

> ※メンバーの考えを記述してください。

２　メンバーの考えと自身の考えを比較する（可能であれば、コアチームで交流する）

(1)　「自校の働き方改革の目的」

> ※自身と共通していたことを記述してください。
>
> ※自身と異なっていたことを記述してください。

(2)　「時間を確保したい業務（全教職員に関わる）」

> ※自身と共通していたことを記述してください。
>
> ※自身と異なっていたことを記述してください。

(3)　明らかにできたことを整理する

> ※なぜ、同異が生じるのかを検討する。
> ※可能であれば「自校の働き方改革」の目的をメンバーと意見交換する。
> ※このワークで気付いたことを整理する。

図３　第２回研修会　別記様式 １

め、メンバーが考えたことの背景等を聞くと、その職場の状況も具体的にイメージできるなどの手応えが交流された。その場は、わいわいがやがやという雰囲気で進められ、メンバー間には、実践した情報の交流と一歩進められた手応えや次の取組への意欲といった心情的な刺激も行き交っていた。

この段階においては、働き方改革の問題の真因について特定はできないものの、「そもそも、一人一人の教職員の働き方改革の捉え方が異なるのに、それを確認しあっていないこと」があげられるのではないかとの目途をつけることができた。

次に、働き方改革の目的について各校の教職員に概ね共通していたのは、教職員が心身の健康を保ち、健康でいることで子ども達によりよい指導ができるという認識であった。

また、充実感を得られる働き方、時間短縮だけでなく実り多い時間を過ごす、自分のやりたいことに取り組むための時間の確保などの認識も概ね共通していた。

次に、時間を確保したい仕事の内容については、教材研究の時間の回答が一番多かった。これ以外には、学級経営の充実のための時間の確保や将来の教員のために働き方改革をしっかり実施するという認識もあった。さらに、業務の削減は量か質か、将来教師になる人を増やすため、働き方改革の優先順位の難しさなど、学校全体を俯瞰した観点も出された。これらから、メンバーの間では、「教材研究を中心として、やりたい仕事の時間を確保するためにはどうしたらいいか」を問い、それを阻害している要因を探りながら、合意できる方策を考える方向性で進めていけばいいのではないかという見通しが立った。

そこで、第1回と第2回の研修会と勤務校での実践を通じて、プロセ

ス1～2の展開に必要となることを2点整理したい。

　1点目は、取り上げるテーマに関して、自身の認識を問い、チーム活動で共有して、個人の認識には違いがあることを実感する段階を設定する必要性が示唆されたことである。研修会においても、勤務校での実践においても、関係者の認識の違いが共有されれば、一方的な思い込みが避けられる。また、関係者にとってみると、自身を内省することにもつながるであろう。このようなアプローチは、関係者を巻き込むきっかけとなることも期待できる。ただし、当然生じる自身の認識との違いについては、その評価を一旦保留して共感的に受け止めたうえで、背景を探る内省的な対話が不可欠となる。このことは、学び合う基盤づくりにおいても示唆的であった。

　2点目は、問題から課題の設定に至る過程から真因の目途をつけることである。第1章では、問題から課題を設定する過程で真因を明らかにする重要性を示した。今回の実践では、この過程において真因らしきものに目途をつけたものの特定はしていない点が示唆的であった。目途をつけた真因が、具体性を増したり別の真因を発見したりすることにつながるかは、今後の研修会と実践にかかっている。つまり、目途をつけた真因であっても、それを批判的に検討しながら、真因を探り続ける重要性である。

今後の戦略検討

　研修会はこの後、プロセス3（関係者で「課題」解決方策を決める）を展開する段階に移る。そこで、「教材研究を中心として、やりたい仕事の時間を確保するためにはどうしたらいいか」を当面の目的とし、別記様式2（**図4**）を用いて、11月までの間で自身がどのようにかかわれそうかを考え交流した。

「働き方改革」に関する自校での実践の方向性と記録

勤務校〔　　　　　　　　　　　　　〕

1　自校における「働き方改革」で実践可能なことは何か

(1)　「実践の目的」

※自身の考えを記述してください。

(2)　「実践の内容」（実施期間は短期で設定する。8月下旬から11月下旬）」

※自身の考えを記述してください。

(3)　「目指したい結果（現実的もしくは最低限の目標）」（成果目標）

※自身の考えを記述してください。

(4)　「実践の過程で教職員の関係がどのようになるといいと思うか」（プロセス目標）」

※自身の考えを記述してください。

2　実践の記録　※行は増やしていってください。

月	実践の内容	実践の結果	
		手応えがあったこと	しっくりこないこと
8月			
9月			
10月			
11月			

図4　別記様式 2

　まずは、交流しながら気づいたことを関連付けて、現段階において、何ができればいいのかという達成目標を考えた。また、勤務校で取り組む際に、教職員がどのような関係で取り組めるといいかというプロセス目標についても交流しながら考えた。プロセス目標についてのメンバーの認識は、聞き取る場の設定や教職員との聞き取りから感じた手応えや難しさを基に、相手を理解し尊重し合えることや何でも言い合える関係などを取り上げていた点が共通していた。

　また、プロセス目標を考えることは「『教職員との関係はどうありたいですか』と聞かれているような気がした」というコメントも聞かれた。これらのメンバーの認識は、何を行うにも学び合う基盤が必要となることを示唆していたといえる。

　なお、別記様式2は、第2回の研修会で完成させるのではなく、教職員と共有しながら設定することの重要性もメンバー間で共有されていた。そのうえで、目標等の設定やスケジュールを考える際に着目したいコメントが2つあった。

　1つは、「目指すところやベクトルを揃えてということはスクールリーダーの中でよく話すが、ベクトルに向かうときの方法というのは、あまり視点としてはなかったですよね」。これは、学校の業務を俯瞰すると散見される姿だと思われる。阻害要因を踏まえながら目標を実現するための具体的な行動や手順を考える重要性への気づきといえるだろう。2つ目は、「ワークシートの実践の記録の欄が、短期目標みたいな感じで自分のタイムスケジュールの見通しが持てた」。これは具体的な行動を可視化して進行管理する必要性への気づきといえる。

　このように、今後の戦略検討では、改めて自身の業務の進め方を振り返る機会となったことが共有された。達成目標やプロセス目標の設定

は、勤務校の実態や教職員の思いを反映させなければ、メンバーが机上で作成した計画となってしまう。つまり、このワークのように、協働する必要性が実感される作業テーマを設定することで、関係者を巻き込むためのスクールリーダーのかかわりを具体的にイメージできることが示唆されたといえる。これらの点は、プロセス3を展開するうえで示唆的であった。

③第3回（11月27日）　今年度の実践から次年度に向けた働きかけを考える

第3回の研修会は、教員研修モデルのプロセス3～4（業務に還元し手応えと違和感を共有し必要な修正を行う、省察し次の問いを立てる）を中心に展開した実践である。

メンバーが実践の全体の流れや実現した取組を出し合って交流し、本実践から実感できたスクールリーダーとして必要な行動や考え方を整理した。また、次年度の取組の方向性を検討した。これは、第3回の研修会の後に、ここまでの実践を次年度に継続するための勤務校での実践を想定した体験でもあった。

┊ 実践の事前整理

まず、第3回の研修会に先立ち、今年度のメンバーの実践記録を整理するために別記様式3（**図5**）を提供した。ここには、約4か月間の実践を俯瞰できるよう、「働き方改革に対する教職員の意識を踏まえて実践した内容は何か」「それをどのような段取りで行ったか」「その結果、明らかにできたことは何か」「次年度の学校経営方針に盛り込めそうな観点は何か」の4観点を位置付けた。今年度の自身と学校の実践を可視化できるツールである。さらに、メンバーが入力した別記様式2と別記様式3の記録をすべて統合した実践記録の集約シート（**図6**）を作成し

て、事前にメンバーに提供した。

┊ 実践の交流

　実践記録の集約シートを共有しながら、学校種ごとのグループに分かれて交流を行った。そこから把握できた特徴的な内容を紹介する。

　まず、第2回で見通しを立てた「教材研究を中心として、やりたい仕事の時間を確保するためにはどうしたらいいか」を勤務校の教職員と検討した過程や内容が交流された。その概要を実践記録の集約シートから次のとおり整理した。

［実践の目的・達成目標・プロセス目標］

　実践の目的に関しては、第2回の研修会でメンバーが考えた内容と概ね同様の内容が整理されていた。

　まず、1つは業務の精選による在校時間の減少と関連付けて、自分が

働き方改革に対する教職員の意識を踏まえて実践した内容は何か	それをどのような段取りで行ったか	その結果、明らかにできたことは何か	次年度の学校経営方針に盛り込めそうな観点は何か

図5　別記様式 3

学校名	自校の「働き方改革」で実践可能なことは何か				実践の記録（8月〜11月）			別記様式3の項目
	目的	内容	成果目標	プロセス目標	内容	手応え	しっくりこない	
1								
2								
3								
4								
5								
6								

図6　実践記録の集約シート

やりたい業務に集中できる時間の確保という体制づくりに関する方向性である。2つ目は、気持ちのゆとりや充実感、やりがいといった心情的なものを目指す方向性であった。

　次に、達成目標は、目的を踏まえた体制づくりについて、3つの観点で整理されていた。1つは、現状を把握することを主とした目標である。具体的には、「業務の実態の把握（優先されることは？　後回しになることは？　他の人でもできることは？　やらなくていいことは？）」「今年度の支援体制や取組の改善点が見つかる。（もしくは良さに気づく）」などであった。これらとセットになるプロセス目標は、「納得感をもって学年間の連携を深めていく必要がある」「自分の困り感や意見を気兼ねなく伝え合える関係」などであった。つまり、改善に向けて現状を把握するためには、教職員が何でも言い合える関係性が必要であると考えていた。

　2つ目の観点は、ゴールを具体的に設定したものである。具体的には、「放課後、会議や行事の準備等が何もない日を週に2回は作る」「時間だけでなく、なんのために・なぜという視点を大切にした業務内容の見直し」「教材研究を含めた授業準備の時間を生み出す」「教職員の思いや考えを知り、来年度の教育計画に生かす」などであった。これらとセットになるプロセス目標は、「気軽に話せる関係」「日常の悩みも気軽に話し合える雰囲気になる！」「納得感をもって学年間の連携を深めていく必要がある」「相互理解」などであった。つまり、設定したゴールの達成には、気軽に話せる関係性を基に、関係者の納得感を獲得することが必要であると考えていた。

　3つ目の観点は、心情的なものを達成目標としたものである。具体的には、「自分のやりたいことが勤務時間内にできたと少しでも実感でき

る」「自分でやりたい仕事をできたぞという充実感がもてる」などであった。これらとセットになるプロセス目標は、「互いの『やりたいこと』を理解し、尊重し合える雰囲気」「自分の業務だけでなく、相手の業務（進行管理）を理解し、尊重する気持ち」であった。つまり、安心して自分のやりたい業務に集中することや充実感を得ることは、決して個業を促進しようとするものではなく、お互いを理解し、尊重し合える関係性がともなって実現することを認識したものといえる。

［実践の内容と段取り］

　勤務校で合意された目的や目標が設定できると、取り組んだ内容はどの学校でも次のように焦点化されていた。

学校種の特性を踏まえた取組

　小学校では、教職員個々が行いたかった業務を行える放課後の時間設定に向け、教職員を巻き込んで日課変更や余剰時間の削減などの教育課程の検討を行い実現した取組が複数報告された。また、中学校からは、事前の調整やＩＣＴの活用で、会議時間の短縮化や仕事をする時間の確保ができた取組なども交流された。これらは、学校種の特性を踏まえた取組であった。小学校では、概ね業務スタイルが同一であることから、共通の時間を生み出す方向性が模索されたが、中学校は、部活動等のかかわりから、放課後等に共通の時間を生み出すことは現実的ではなかった。そこで、個々の業務時間の短縮から自身の業務時間を生み出す方向性が模索されたのである。

　このような取組を促進した背景には、学校の実態や教職員の思いなどを反映させて勤務校で目標や取組を検討できるという弾力的な方向性があったといえる。

┊ メンバーの実践の共通点

　併せて、新しいことへの取組は実現可能であり、挑戦することで更に次の課題が現れることがわかったという手応えは、学校種の別なく共通していた。この交流では、どのような段取りで進めたのか、手応えやしっくりこなかったことは何かなどについて、報告や質問、改善のアイディア、気づいたこと、共感すること、それでも変化が難しいことなどがメンバー間で行き来した。まさに「自然で自由な情報発信と受信」「密度の濃い、本音のコミュニケーション」「感情の交流、心理的な刺激」[4]が行き来する相互作用が起こっていたといえた。その様子は、掲載の写真からも感じていただけると思う。

　ここで改めてメンバーの実践を振り返ると共通していたことが2点ある。1つは作業課題に基づき、8月9月の期間に、教職員がどう考えているか、どのように打ち合わせを行っている等の勤務校の状況を多様に把握する行動を行っていたことである。このような行動から、教職員が望んでいることや意見が異なる点がどこにあるのかがより具体的に把握

され、どこに焦点を当てて解決方策や合意を図ればいいかの見通しを得ることができたようである。一方、教職員個人が大切にしていることや年間計画で決まっていることを途中で変える難しさも実感されていた。

4　伊丹敬之『場の理論とマネジメント』2005年、東洋経済新報社、p.26。

　２つ目は、教職員が参画できるような働きかけを行ったことである。例えば、放課後の時間設定を検討する際に取組名称を募集して投票するなど、楽しみながら参加できるようにしたことや、職員会議や校務分掌会議の機会に意見を聞く機会を設定するほか個別にやりとりするなど、さまざまな工夫が行われていた。また、教職員が考えていることは多様で、より具体化したり対象を広げたりする新たなかかわりの必要性も導き出されていた。

　このような過程を経て10〜11月の期間には、勤務校において合意できた実施可能な内容が試行された。業務にＩＣＴを活用すること、放課後の時間設定の検討事項の決定や試行、全教職員の意見を把握するためのアンケート調査実施と結果の反映の仕方を決定したなど、各校の検討を経た取組がスタートした。これらは、管理職や一部の担当者が検討して決定し、教職員に提示して取り組むという方法とはまったく異なる方法で実現している。取組の発想やきっかけはスクールリーダーだったとしても、管理職や教職員を巻き込みながら意見やアイディア、危惧される点等を出し合い検討し合うという過程を経て、できることを合意して試行からスタートするという方法である。

　この取組に対して教職員は、心身のゆとりや業務に集中できる実感のほか、自身の働き方の再確認、教育課程や業務自体の見直しにつながっているという肯定的な受止がなされているとのことであった。また、ＩＣＴを活用した業務スタイルに変わり始めたことも紹介された。一方、他の活動の調整の必要性や難しさも実感されていた。

　併せて、ギスギスすることなく互いに配慮しながら仕事を進めている様子や、成果目標やプロセス目標が共通理解され、何か始めようという思いが共有されつつあるなど、関係性の変化についても実感された。さ

らに次年度に向けて、教職員が実践を通じて感じたことを基に、検討が必要な点や難しい点がいくつも明らかにできたことも共有されていた。

このように、3回の研修会と勤務校の実践では、プロセス1〜4を学校全体で順番に取り組み、業務の課題を改善しながら、学び合う基盤づくりが行われたのである。すなわち、教職員が感じている問題を出し合うこと、多くの教職員が共有して解くべき問題を洗い出して課題を設定すること、教職員間で意見を交流しながら実施可能な取組を決めること、試行的に実施しさらに問題を確かめ合うことなどは、業務の改善にとっても、学び合う基盤づくりにおいても、必要となる要素であることが示唆されたといえる。

このような実践を経て、今年度、業務に還元した取組を修正したり、学び合う関係性を生かして他の学校課題の解決に取り組んだりしている学校がある。つまり、昨年度の実践の当面のゴールであったプロセス4から、学び合う基盤を生かして新たな問いを立て、プロセス1に循環させている取組が見られているということである。このように、教員研修モデルを業務の改善とつなげて学び合う基盤づくりを展開できることが示唆されている。

（5）スクールリーダー研修会のまとめ

ここまで、3回の研修会と勤務校の実践の概要と考察を述べてきた。ここからは、アップデートの方向性で示した3点について、現段階で把握できたことを整理した。

①勤務校を超えたスクールリーダー研修会の枠組みをつくる

今回の枠組みづくりは、名寄市教育委員会や校長会の支援により設定されている勤務校を超えた研修会を活用した。この研修会は、メンバーの交流が重視されており、研修会と勤務校での実践を交互に展開する枠

組みが、筆者がかかわる研修会（3回）以外にも4回設定されていた。さらにこのような取組の他にも、メンバーは日常的に業務に関する情報交換も行っており、過去に勤務した経験からそれぞれの学校の状況も概ねわかっていることも重なり、お互いを心強い存在として認識し合っているという関係性を築いていた点にも着目したい。しかし、このように構築された関係性も年度ごとに人事異動によるメンバーの入れ替わりがある。その際には、年度の最初の研修回で個別につながれるネットワークをつくり、こまめな情報共有と相談ができるような取組をしていた。また、関係性が硬直しないように内省的な対話を通じて、自身を内省したり他のメンバーの新たな一面に気づいたりすることを心掛けていた。

　つまり、メンバーで支え合う情報交換と内省的な対話を基盤として、自身で実践を行い、その結果をメンバー間で共有して共通の学びとして蓄積し、それをメンバーで活用するという循環が行われているのである。ここに、学び合う基盤づくりを具現化するヒントがある。勤務校を超えたＳＬ研修会の枠組みをつくる上では、物理的な枠組みづくりとメンバーの関係性づくりの両面に留意することは、教員研修のアップデートに示唆的といえる。この点は、第2章で紹介した剣淵高校の校内研修と共通するものであった。

②実践的なテーマと勤務校に応じた目標や取組を考える

　次に、働き方改革を推進するためのかかわりという実践的なテーマに取り組んだ実践からの示唆を整理する。

　1つ目は、すべての教職員にかかわる業務上の問題を扱う意義が実感されたことである。メンバーからは「ずっと持続した自分の業務と、もう一本違う平行線上にリンクするようなこういう研修は初めてでした」というコメントがあった。これは、授業改善等の教育実践にかかわる具

体の改善点を単発的に話し合い、目指すところに着地するような校内研修は行ってきているものの、自身の日々の業務と行ったり来たりするのは初めてであったとの語りである。また、研修テーマが日々の業務とつながる内容であり、自分1人ではどうにもならないことでも、研修会で検討したことを教職員と一緒に考えながら、自身の日々の業務と行ったり来たりしながら進めることで、解決の糸口が見つけられる手応えを感じたことも語られた。このような点で、「もしかしたら働き方というテーマが一番よかったのかもしれない」とのコメントは示唆的である。

　つまり、業務上の実践的なテーマがすべての教職員にかかわるものであり、自身の業務と研修が同時展開しながら継続して行えるという点に意義を見出したといえるだろう。これは、成人が学ぶ特性を踏まえたものといえる。

　2つ目は、勤務校の実態を踏まえるプロセスが紐解かれた意義である。業務上の実践的なテーマに限らず、何を行うにおいても、勤務校の実態を踏まえる必要があることは自明である。しかし、これまでは、勤務校の実態に応じてといいつつも、他者から示された目標や共通の模範的な方法を用いて進められる形態が散見されていた。今回の実践は、勤務校の実態を踏まえるために、教職員の認識の把握から向き合うべき課題を決定し、目的、達成目標、プロセス目標、実践内容をすべて勤務校で設定しながら取り組むという形態であった。併せて、壮大なテーマにより、関心が拡散したり、取組がとりとめもなく拡大したりしないように、期限と流れを示した作業課題を設定した。これにより、メンバーのかかわりも明確になり、管理職や教職員を巻き込み、目指す姿に近づく活動が勤務校毎に実践されることになった。このように、勤務校の実態を踏まえるための基本的な手順の提示と、勤務校での検討機会設定の重

要性が示唆された。

③集まって学ぶ機会と勤務校で実践する機会を交互に設定する

　最後に、集まって学ぶ機会と勤務校で実践する機会を交互に設定した枠組みの中で取り組んだ実践からの示唆を整理する。

　1つ目は、勤務校の教職員が納得感をもって行動できるためには、どのようなかかわりが必要かということを、体験的かつ概念的に理解できた意義であった。研修会で検討した構想は、勤務校の実態を想像しながら検討したものであっても、実際に行ってみると想定していなかったことが出てきた。これらを研修会で共有し、メンバーの交流を通じて自身の見方や捉え方を内省しながら構想の修正が行われた。

　これは、事前に設定した方策を着々と進めるアプローチから、教職員を巻き込んで実践に取り組む中から気づいたことを基に、方策を調整しながら進めるアプローチへと転換することを意味する。この繰り返しにより、メンバーが、どこにどのようにかかわることが必要なのかを体験を通じて考えることができた点は意義がある。このことについて、教職員が感じている問題を出し合うことから始めて課題を設定し、教職員間で意見を交流しながら実施可能な取組を決めて試行的に実施することが、どのような問題に向き合うときにも共通する汎用的な考え方であることがメンバー間や教職員間で認識されている。

　2点目は、真因を明らかにする見通しを立てることに意義があったと考える。今回の実践では、基本的には、一人一人の教職員が感じている問題を把握し、多くの教職員が感じている問題を課題として設定して、解決に向けて取り組んだ。この過程から、真因らしきものを導き出すヒントが2つ得られたと考える。

　1つ目は、解決したい問題の解決方策を考える過程に着目することで

ある。メンバーは、今回の実践を振り返ると「これまでの働き方改革が、部分的にどの仕事を減らせるかとかそういう思考だったと思う」と語っていた。しかし、教務主任が集まった研修会では、教育課程自体を見直そうという発想が出され、勤務校の授業時数の計算や教育課程の中身の検討が進められた。

結果、放課後に自由に活用できる時間が生み出された。つまり、できていない問題や職場の関係性にばかり着目して真因を探るのではなく、自分たちが解決したい課題をどうやって解決できるかを考えることを中心にすると、今まで着目していなかったことが真因として導き出せそうだと気づいたのである。

2つ目は、教職員の多様な認識を把握し、共有する機会の設定である。メンバーからは、「教職員一人一人が思っている働き方改革が、人によって目標値や視点が、すごく違うんだなっていうのを実感した」とのコメントがあった。第1章でも示したとおり、問題の捉え方や解釈は、立場や人の見方によって異なる。したがって、ここを放置したままに進めると、認識のズレが共有されないまま、関係性ばかりが悪化することが想定される。

今回の実践では、この場の設定と対話により、教職員の認識を明らかにして取り組んだ結果、勤務校の教職員で向き合う課題が合意され、年度途中からでも計画の変更や新たな取組の開始が可能になった。また、メンバーが、どのような学校課題においても、このような考え方で進めることの重要性を概念的にも理解できた。この点は、教職員で真因を探るうえで示唆的である。

アップデートに取り組んだ教員研修の実践事例 2

2023年度管理職（教頭）研修会

（1）スクールリーダー研修会と連動させた管理職研修会の発想

　ここからは、管理職研修のアップデートについて考えていこう。

　学校が向き合う課題の現実的な解決は、すべての教職員の日常的な業務からのアイディアや工夫といった行動や、それらを職場で共有したり修正したりするかかわりによってなされる。したがって管理職には、このようなかかわりが推進されるように、多様な教職員との関係づくりを具現化する道筋を明らかにすることが求められている。なお、これまでも、管理職をはじめ主幹教諭や校務分掌の主任などは、日常業務において、教職員の思いや困り感を把握したり、学校課題改善に教職員を巻き混んだり巻き込まれたりしながら、教職員の関係づくりも同時に行っていると思われる。しかし、管理職からの働きかけに、必要性や意義を感じないのであれば、教職員の自律的な行動や相互のかかわりあいは期待できない。

　したがって、教職員の経験や発想を生かして、お互いに支え合ったり学び合ったりする関係性を構築するには、管理職やスクールリーダーのどのようなかかわりが必要なのかを実践的に学ぶ必要がある。この課題認識を踏まえたＳＬ研修会の枠組みや研修プログラムについては、すでに実践事例１で前述したとおりである。しかし、前述したＳＬ研修会の枠組みと同様の管理職研修会については、筆者が把握している範囲では実践が蓄積されていない状況にある。そこで、ＳＬ研修会と連動した管理職研修の在り方（いわゆる、管理職のＯＪＴ）を試行することとした。

（２）ＳＬ研修会と連動させた**管理職研修会のアップデートの方向性**

　名寄市教育委員会と教頭会の協力を得て、2023年度にＳＬ研修会と連動させた管理職研修会を試行した。そのアップデートの基本的な方向性は次の２点である。

①ＳＬ研修会と連動させた**管理職研修会の枠組みをつくる**

　１点目は、ＳＬ研修会と連動させた管理職研修会の枠組みをつくることである。管理職は基本的に１人職であることから、勤務校内で共通の課題を設定して研修を行うことは難しい。また、学び合い支え合う教職員の関係づくりにどうかかわるかは、管理職にとっても新たに向き合う課題であり、自身の経験則だけでは導き出せないこともある。

　そこで、同様の目的で開催されるＳＬ研修会と連動させた、勤務校を超えて管理職が学び合う枠組みを構想することとした。その目的は、スクールリーダーの育成と管理職自身の資質・能力の向上を同時に展開する枠組みである。ただし、日常業務を離れて集まる研修形態は現実的ではないことから、前述したＳＬ研修会の前後の時期を中心に、学校で、業務の打ち合わせ等の機会で行うことを想定している。その際、次の４点を踏まえた企画と運営が重要と考えた。

〔１〕スクールリーダーを支援する際に必要となる基本的な理論や留意点の情報の提供

〔２〕スクールリーダーの支援の具体化

〔３〕副校長や教頭が情報共有する研修用のプラットフォームの整備

〔４〕副校長や教頭の相談や支援の環境の整備

②**管理職研修会で取り上げるテーマと研修形態の方向性を構想する**

　次にテーマについてである。ＳＬ研修会と連動する枠組みであることから、まずスクールリーダーの構想や実践を支援するためのかかわりに

関するテーマが想定される。具体的には、構想の経緯やねらいの共有、必要な準備の確認、取り組む中で生じた問題への対応などについて相互で打ち合わせを行い、両者で見通しを持って展開できるようにするため、どのようにかかわるのかという視点である。つまり、安心して管理職と相談でき、相互に意見を交わし、よりよい方策を検討し合う関係づくりをいかに行うかがポイントといえる。

　このようなかかわりによって、管理職とスクールリーダーとの役割の明確化や阻害要因への複線的な対応への視野が広がり、スクールリーダーが自身の責任の範囲の中で実践し、適宜相談や修正を繰り返しながら主体的に行動していく環境が整うと考える。一方、このようなかかわりがないと、スクールリーダーは何を拠り所として、どこまで取り組むことができそうなのかを構想できず、個人的なつながりで部分的な改善は行われても、学校全体に波及するような改善は期待できない。以上の観点から、スクールリーダー育成に向けた直接的間接的なかかわりを構想し、実践することが、管理職研修会のテーマと研修形態の方向性といえる。

（3）実践の概要

┊ 研修テーマの設定、かかわる場面とかかわり方

　実践事例２は、2023年度のＳＬ研修会と連動させた管理職研修会（**図7**）の実践である。管理職研修会の研修テーマは「各校のスクールリーダーが、勤務校の『働き方改革』を推進するための行動を考え実践するために、管理職はどのようにかかわることができるか」とした。スクールリーダーが、教員研修モデルのプロセスの１〜４までと関連付けた実践を行うことを踏まえると、管理職には次のような場面でのかかわりが想定される。

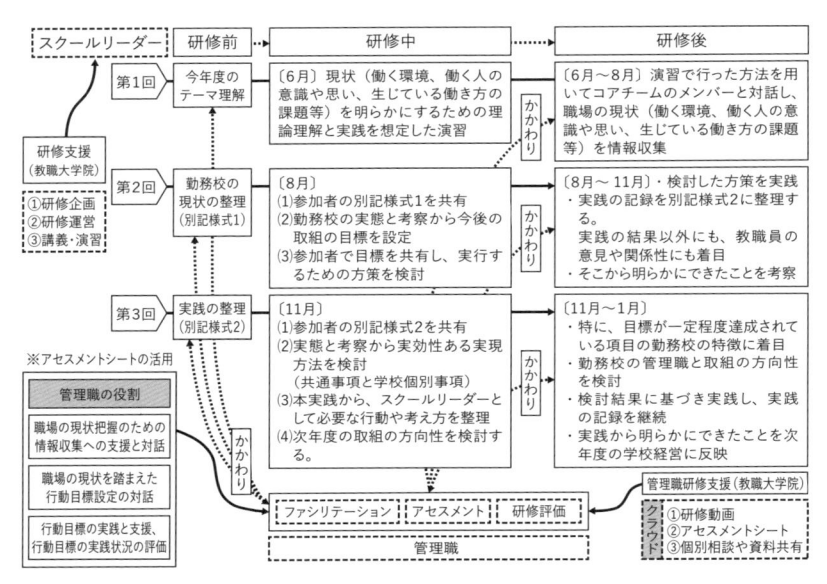

図7　スクールリーダー研修会と管理職研修会の協働的展開

　例えば、現場の実情把握のための情報収集、状況把握を踏まえた行動目標の設定と実践、行動目標の実践状況の把握と修正などである。そしてこれらの場面では、スクールリーダーとの対話を通じて、把握した内容を基に一緒に支援方策を考え、実践しながらその支援方策を振り返り、必要な支援を追加したり修正したりするという行動を繰り返すことが考えられるだろう。これは、いわゆる管理職のＯＪＴといわれる研修の方向性である。

┊ 管理職研修の環境づくり

　そこで、ＳＬ研修会と連動させた管理職研修の枠組みをつくる際に企画と運営に重要となる〔1〕から〔4〕を踏まえ研修環境を整備した。

　まず、多忙な教頭が勤務校で研修を行えるよう、教頭会が日常的に活

用しているクラウドのプラットフォームに研修用のルームを作成した。これは、日常的に使い慣れたプラットフォームであれば、新たな操作方法を習得する必要がないことに配慮したものである。また、必要に応じて、研修ツールの活用や教頭の行動に関する個別相談も併せて行うこととした。さらに、スクールリーダー支援と管理職に求められる資質能力に関する研修動画と、スクールリーダーとのやりとりのポイントや実践のメモ機能などを有したアセスメントシートの2つの研修ツールを作成し提供した。なお、3回のＳＬ研修会が終了した段階で、試行の状況を共有するために、教頭が集まる研修会を設定した。

（4） 2つの研修ツール

ツールの1つ目、研修動画は視聴時間を概ね1時間として作成した。前半は働き方改革に関してスクールリーダーが抱える率直な悩みを例示したうえで、今年度のＳＬ研修会の概要を示した。そして、研修会の内容や支援場面を想定して例示し、オンデマンド研修の流れやスクールリーダー支援に必要な事項（施策の動向や関連する理論）を整理した。特に対話や成人の学びの特性の理解を重視しながら、スクールリーダー支援を行うには、職場ではどのような環境が求められるかを考える内容である。後半はアセスメントシートの活用方法を説明している。

2つ目のツール、アセスメントシート（**図8**）は、概ね2つの機能を有している。

1つ目の機能は、相互の認識を確かめ合う対話の流れの例示と記録機能である。スクールリーダーとの対話については状況に応じて行われると考えるが、特に研修会後に行う対話では対話項目の1～5を参考として示した。これは、教頭とスクールリーダー間で、研修会の内容や結果のほか、スクールリーダーの受止を共有するねらいがある。このことに

対話項目	スクールリーダーとのやり取りから把握した内容	自身とスクールリーダーとの認識の同異とその背景	
1 研修や取組で記憶に残った事実は何か?			
2 そのときどのような感情が生じたか?			
3 その感情が生じた背景は何だろうか?			
4 研修から得た気づきは何か?			
対話項目	スクールリーダーとのやり取りから把握した内容	実践場面	支援内容
5 行動目標			
※必要な支援			

図8　アセスメントシート

より、スクールリーダーが自身の認識を改めて振り返り、教頭もスクールリーダーの関心や思いに触れることが期待できる。また、スクールリーダーが考えている職場の問題についても共有できることから、問題と課題や真因に留意しながら、スクールリーダーとの認識の同異を探るのである。

　このやりとりでは、相手の発言内容を評価することはひとまず横に置き、話すことに耳を傾け、その発言がどのような背景をもとに語られているか、本当は何をしたいのかなどを理解することが重要になる。そして、スクールリーダーの承諾を得て、把握したことをメモとしてアセスメントシートの左側の欄に、明らかにできた認識の同異を右側の欄に記録する。これを、繰り返すことで、前回の対話の内容を記録として確認できるほか、対話や取組を継続する中で、それぞれの認識が変容したことを確認し合うことや、新たな気づきが生じたことを整理する際に活用できるのである。

　2つ目の機能は、行動目標と支援方策を検討する際の情報を整理する機能である。対話では、対話項目の１～４までを順番に聞いていき、最後に行動目標を聞くことで、スクールリーダーがどのような経緯で行動目標を設定したのかが理解できる。このやりとりでは、行動目標を実行していく過程でのスクールリーダーの不安や心配なども共有することができるだろう。また、実行段階での相互の役割や、教頭が支援する場面を明らかにすることもできる。このような場面では、相手が安心して発言できるような雰囲気づくりをどうつくるかも教頭のかかわり方による。したがって、特に気になった相手の様子などをメモとして記録し、自身のかかわり方を振り返り実践で修正するなど、教頭自身のかかわりを省察することにも活用できるのである。

（5）実践から把握できた管理職（教頭）の認識と考察

　今回の実践は、管理職がスクールリーダーと連携しながら、「各校のスクールリーダーが、勤務校の『働き方改革』を推進するための行動を考え実践するために、管理職はどのようにかかわることができるか」について、実践的に学ぶことであった。従来の管理職研修とはまったく異なり、決まった形態があったわけではない。そこで、参加した教頭は、勤務校の校長やスクールリーダーと相談しながら試行錯誤を繰り返した。したがって、教頭とスクールリーダーとのかかわりや支援の場面等はさまざまであった。そして、３回のＳＬ研修会が終了した段階で、教頭の実践を聞き取る機会を設定して交流した。

　以降では、アセスメントシートの活用と関連付けて職場の状況把握やスクールリーダーの実践へのかかわり、スクールリーダーや教頭の認識の変化などについて、整理した内容を示す。

　まず、職場の状況把握である。教頭は教職員の観察ややりとりから状

況を把握している場合が多かった。しかし、観察していると問題がないようにも見えることもあり、スクールリーダーの思いまでを直接把握することは少なかったようである。また、アセスメントシートの活用にあたり、定期的に複数回の活用をすることや設定された質問を順番に聞いていくことが難しいという声も聞かれた。ただし、そのような状況であっても、アセスメントシートを活用して対話を行ったところ、いくつかの手応えがあったことが語られた。

　手応えの1つは、状況把握のきっかけづくりができたということであった。なかなか時間が取れない中でも、ＳＬ研修会と関連付けて意図的に対話の機会を設定することで、相互に自然な形で必然性のある対話ができたとのことであった。また、双方の認識を確かめ合うことができた点も語られた。例えば、「教頭として、だいぶ進んでいると思っていたことが、やらされ感や不公平感も潜在的にあることが確かめ合えた」や「スクールリーダーの視点と管理職の視点の違いを改めて確認できた」とのコメントがあった。この手応えから、一人一人の教職員の認識の違いを確かめ合う必要性やその場の設定の意義についても、スクールリーダーと共有できたことも語られた。

　この職場の状況把握のための情報収集と共有は、管理職がスクールリーダーを直接的に支援するための行動につながった。特に、教職員の認識を聞き取る初期段階において、スクールリーダーは実践構想の趣旨や聞き取る場の設定等の自身の考えを教頭に伝え、不安も相談していた。それを受け教頭は、関係する教職員と個別に話したり、コアチーム会議を招集したりするなど、スクールリーダーが行動しやすいように校内を調整する行動をとっていた。

　また、相互の確認ができて動く際には、アセスメントシートがあると

端的にわかりやすいことや、一緒に取り組むといろいろなアイディアが出てくることから、それを実現できるようなかかわり方の配慮を行っていることなどが語られた。

さらに、スクールリーダーとのやりとりでは、受容、共感、傾聴を心掛け、話しやすい環境づくりを常に意識したようである。また、日常的に否定的な言動はしないように意識しているようでもあった。ただし、日常業務では、タテの指示と報告、相談のやりとりが多いことから、教頭自身が受容、共感、傾聴等の行動を上手くできないと感じているコメントもあった。したがって、今回の実践のように意図的に場面を設定して働きかけの体験を行う意義はあったと考える。

つまり、対話については、理論的な理解と体験を意図的に設定するとともに、対話の流れを示すことで、対話を行う環境が整えられることが示唆された。そして、このような環境が整うことで、管理職からスクールリーダーへのタテの指示ばかりではなく、相互に平等な立場でのやりとりをするスタイルへと幅を広げられることが期待される。

手応えの2つ目は、自身を内省するきっかけとなった点である。当初は、アセスメントシートがなくても把握できると考えていたようである。ところが、アセスメントシートを活用して対話を行う中で、今まで漠然と考えていたことに着目しながら、自身を内省するスクールリーダーの姿が把握できたとのことである。これは、教頭にとっても同様であり、伝えたつもりでも食い違っていることに気づいたときに、教職員にどのような行動をとっていたのかを振り返るなど、シートを用いた対話と記録が内省するきっかけにもなっていたとのことであった。

なお、スクールリーダーの成長はさまざまな要素が関連してなされるものであり、現段階では、教頭の支援とスクールリーダーの成長の因果

関係は軽々には語れない。ただし、教頭が手応えとして感じたことは、今後もスクールリーダーや教職員とのかかわりの中で継続して展開されることが期待できる。今年度の聞き取りでは、異動によりスクールリーダーが変わっても、昨年度の管理職研修会の試行で取り組んだかかわりを基に、関係性を構築しながら人材育成とＯＪＴを進めていることが把握できている。

　次に、ＳＬ研修会と連動した管理職研修会を終えた段階で、教頭が感じた変化について述べる。まず、スクールリーダーの変化についてである。まず、校内で何かを起こそうとするときのきっかけづくりや教職員を巻き込むことに関して、どのような考え方や行動が必要となるかを今までより広い視野で考えられるようになった点があげられている。また、教職員の関係づくりのかかわりが具体化されてきていることや、自身からさらに学びたいという意識を示すような言動がみられていることなども語られた。これらは、スクールリーダーの行動だけを表面的に捉えていたのでは把握できないコメントである。スクールリーダーが、行おうとしている行動の目的や手順、予想する阻害要因などを、どのように考えているのかについてのやりとりを通じた中から把握できたことである。この点は、スクールリーダーにかかわらず、管理職が教職員の育成を支援する際に示唆的である。

　次に、教頭自身の変化も、まさに前述したスクールリーダーの変化と重なる。特に、対話により、自身と教職員の認識の同異を確認し合うことからスタートして共通点を見つけ、できることを合意して進めることが、教職員の関係性づくりにもつながることを実感できた点が大きいと考える。また、発言が少なく、かかわる場面が少ない教職員の考えを知るためにも対話が重要だとの認識も出された。このように、理論の理解

に留まらず、勤務校での具体の行動に落とし込んでの理解がなされると、実践に反映されることが示唆された。

（6）ＳＬ研修会と連動させた管理職研修会のまとめ

　ここまで、ＳＬ研修会と連動させた管理職研修会の実践と考察を述べてきた。ここからは、アップデートの方向性で示した２点について、現段階で把握できたことを整理した。

①ＳＬ研修会と連動させた管理職研修会の枠組みをつくる

　管理職とミドルリーダーは、程度は異なっても、日常業務において困り感や課題意識に共通するものがある。しかし、従来、教員研修会と管理職研修会は別に実施されることが多い。したがって、それぞれが、受講している研修の内容、研修からの気づき、業務への還元や阻害要因の認識等については、相互に共有する機会を意図的に設定しない限りは、あくまで個人の裁量の範囲でしか共有されないことになる。この状況は学び合う基盤づくりにおいては改善したい点といえる。

　したがって、異なる職の研修会を連動させる枠組みをつくり、管理職やミドルリーダーのかかわりなどについて、実践的協働的に学ぶ必要があると考える。この意義については、一面的ではあるが、今回の試行から得られている。また、学び合う基盤づくりを勤務校で展開するためにも意義があると考える。ただし、このような研修はまだ開発の緒についたばかりの段階といえる。今回はあくまでも試行であったが、今後、各地の実態を踏まえた実践と実践過程を含めた結果の共有が行われることで、新たな研修モデルが開発されることが期待される。

②管理職研修会で取り上げるテーマと研修形態の方向性を構想する

　今回の試行は、スクールリーダーの育成に向けた直接的間接的なかかわりを構想し実践することを研修テーマとして定めた。また、スクール

117

リーダーとのかかわりから、自身が必要と感じた資質能力を明らかにし、それを意識した実践と振り返りを繰り返しながら高めていくという研修形態で展開した。つまり、自身の行動を省察しながら管理職研修の在り方（いわゆる、管理職のＯＪＴ）を自身で模索する試行であり、管理職が向き合う真因を探究する過程に着目した実践的な取組ともいえるだろう。試行ではあるものの、新たな管理職研修会の在り方の提案といえた。

2つの実践事例のまとめ

　今回紹介した実践は、勤務校を超えてスクールリーダーが学び合う枠組みを有している名寄市の既存のＳＬ研修会を基盤に、管理職研修会を関連付けて、管理職研修会と教員研修会を同時にアップデートすることを実践的に検討した物語である。研修テーマは、「働き方改革」にスクールリーダーがどうかかわることができるのかを模索するものであり、かなり難易度の高い研修となることが想定された。そこで、学校個々の特殊解を見つけるための過程に見通しをつけることを目標とした。そして、そこに管理職がどのように支援できるかも探ろうとしたのである。

　今回の実践を振り返ると、管理職とスクールリーダーの間で、スクールリーダー同士で、勤務校の教職員間で、これまでの実践や関係性と関連付けて新な実践や関係性を創造するための探究と試行錯誤が、絶え間なく行われた自由な時間と場であったといえる。そして、各学校では、教職員の意見を取り入れた独自のアイディアを創造するための管理職やスクールリーダーのかかわりが徐々に明らかにでき、市内すべての学校において、教職員同士で学び合うコミュニティへの転換が始まることを

　期待させた。最後に2つの実践事例から共通して整理できたことを2点述べたい。

（1）チームで学ぶ重要性への示唆

　1点目は、チームで学ぶ重要性が示唆されたといえる。学校では、表出している個別の問題への対処療法的な対応が検討されがちである。それは、目の前の問題をひとまず解消しなければ教育活動が停滞してしまうと考えるからであり、一面では現実的な対応といえるだろう。しかし、今回の実践では、教職員が感じている問題を出し合うことから始めて課題を設定し、教職員間で意見を交流しながら実施可能な取組を決めて試行的に実施することが、どのような問題に向き合うときにも共通する汎用的な考え方であることがメンバー間や教職員間で認識されたことは示唆的である。また、これらを促進する対話の在り方や、一人一人の教職員が当事者としてかかわるためのアプローチなどについて、体験を伴って実感できたことは、学び合う基盤づくりにおいても意義があったといえる。

　さらにこの過程で、メンバーは異なる考え方をどのように取りまとめていくか、複数の方策がある中でどれを選択していくかなど、状況に応じて判断し意思決定する場面に多々直面した。メンバーは研修会で、このような場面での判断や意思決定について、自身が勤務校で行った実践や経験を共有し合いながら意見交換を行い、それぞれが自身として意思決定する基準を創り上げていったことが伺えた。

　このように、学校課題への対応は、チームで考え実践し、省察しながら再検討してまた実践するという循環によってなされることが実感できたのである。

（2）成人が学ぶ特性を踏まえたきっかけづくりの重要性への示唆

　成人が学ぶ特性を踏まえたきっかけづくりの重要性も示唆された。今回の実践は、自身が解決したいと望む日常の問題を扱い、平等なパートナーとして課題の設定や解決の方策検討の過程に積極的にかかわるという成人が学ぶ特性を踏まえて企画した。また、そのかかわり方は対話的なコミュニケーションや職場で集団討議であった。

　このような取組への教職員の受け止め方は、メンバーからの報告によると概ね肯定的であった。これは、「大きなメリットを感じると、面倒であっても不満は出ない」「時間を確保するための取組に、教職員はとても前向きである」「教職員がよいと思ったことは、年度途中でも変更をしてもよいということがわかった」「年度途中でこそ変えた方がいい。試行期間をおくことで問題点を出し合い、次年度当初から安心してスタートする準備ができる」などのメンバーのコメントからも把握できる。つまり、成人が学ぶ特性を踏まえたきっかけづくりが、教職員の主体性を喚起したといえそうである。

　今年度の聞き取りでは、昨年度の取組が今年度も継続される中で、不具合が生じている場面もあるようだが、教職員で意見を出し合いながら改善を行う取組は継続されている。このことからもわかるように、目指す目標が達成できて終わるのではなく、現場の状況に応じて、創り出したものを進化させていくことへの転換も起こっているようである。つまり、勤務校を超えてともに学び合う研修は、スクールリーダー個人の成長や自己変革を超えて、市内全域の学校の変革や組織開発につながることを期待させるものである。併せて、このようなＳＬ研修会と一体化した管理職研修の発想は、スクールリーダーの行動を支援するとともに、

管理職自身の資質能力を実践的に高めながら、学校課題の解決と学び合う教職員の関係づくりを促す研修形態であることが示唆された。

今日、校内外において協働的であるための学びが必要とされているが、この観点で見たときに、2つの実践事例にある、日常の業務と関連付けたテーマ設定と具体的な取組を構想するチームづくりと活動、管理職やスクールリーダーのかかわり、教員研修モデルを活用した教職員の巻き込み、学校を超えた学びの枠組みづくりなどが参考になるだろう。

僭越ながら、今回の研修を終えた関係者への期待を申し上げる。

これまで、研修が実践に還元されず、目指す結果につながっていないことは、企業でも学校でも指摘されていることである。また、学校を超えてスクールリーダーが学び合うことや管理職とスクールリーダーが学び合う研修については、実践の蓄積が十分になされていない。今回紹介した実践は、これらに対して1つの方向性を示していると考える。なお、このような取組は、緒に着いたばかりであり、今後は、さらに試行錯誤を重ね、その結果の広い発信がなされるよう期待したい。

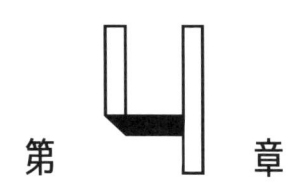

第 4 章

DX時代の
管理職研修アップデート

―クラウド＆集合で学び合う―

DX時代の教員・管理職研修

　ここからは、これからの管理職に特に求められているファシリテーションとアセスメントなどについて学ぶ環境を、どう創っていくか考えていきたい。

　学校は学校規模や同一自治体内に設置されている学校数、教職員の経験や年齢構成、児童生徒の数や実情、地域とのつながり等が異なり、年度ごとに状況が変化する。したがって、このような特性を有する学校の経営は、管理職が勤務校や地域の実態を基に、教職員や関係者と連携しながら構想して実践していくことになる。

　また、学校として課題を解決するためには、課題を共有して全体として目指す方向性を一致させておく必要性はあるものの、一定程度は教職員の裁量に任せることが現実的である。その点で、第2章と第3章の実践は示唆的といえる。管理職の一方的な課題設定や解決方策の提示ではなく、教職員同士で組織として解決したい課題を設定したり、解決方策を検討して実践につなげたりするという取組が行われ、支え合ったり学び合ったりする教職員の関係性が築かれるヒントが得られている。このヒントは、昨今、学校組織マネジメントの課題とされている個業化や働き方改革への対応にも示唆を与える。すなわち、これからの管理職には、このような取組を促進するかかわりが求められているといえるだろう。

　そこで、管理職がかかわる場面や行動について実践的に学び、自身を省察したり実践で試行錯誤したりしながら、勤務校に応じた方策を構想できるような研修プログラムが必要となる。つまり、あるべき正解の提供や獲得ではなく、状況に応じた解答を創り出す場の設定とその場での

体験を通じて、自身のかかわりを開発する研修への転換を目指すことが求められているといえる。

　このようなことから、「常に変化する環境下で発生する新しい問題への対応能力が高まる」「不特定多数の事例を体験させることにより、原理・原則を発見できる」「自発的な発言や思考を通じて、前向きの行動力、挑戦力が開発できる」[1]などの研修効果が期待されているケースメソッドの理論に基づく事例を作成し、管理職同士で学び合う研修モデルを作成することとした。

　この管理職研修モデルは、クラウド上に管理職研修用として構築されたプラットフォームに格納した事例を解くＣＢＴ（Computer Based Training）の枠組み（**図１**）を活用する。なお、今回作成したＣＢＴは、正誤を判定する問題は設定していない。問題の解答過程で、自身が考えるファシリテーションやアセスメントなどのかかわり方を検討して答えるのである。また、クラウド上で展開することにより、受講者が時間や場所にとらわれずに受講できるという利点がある。自身の解答したものを修正することや追加することも可能である。つまり、勤務校で自身の学校経営と関連させながらシミュレーションできる研修ツールである。

　ただし、クラウド上の交流は可能であるが、参加者同士の交流の時間帯の設定や交流のファシリテーションを行う担当者が必要となり、その業務は複雑にならざるを得ない。また、新たな気づきや問いを発するこ

1　浅野（2014）は、ケースメソッドの研修効果として期待されることとして、「常に変化する環境下で発生する新しい問題への対応能力が高まる」「経営分析や問題分析などの経営感覚、管理感覚が高まる」「不特定多数の事例を体験させることにより、原理・原則を発見できる」「間接体験を通じて、行動の見直しと修正が行われる」「問題解決の手順や技法が修得できる」「自発的な発言や思考を通じて、前向きの行動力、挑戦力が開発できる」の６点をあげている。浅野良一「ケースメソッドとは何か」『次世代スクールリーダーのためのケースメソッド入門』2014年、日本教育経営学会実践推進委員会、花書院、p.11。

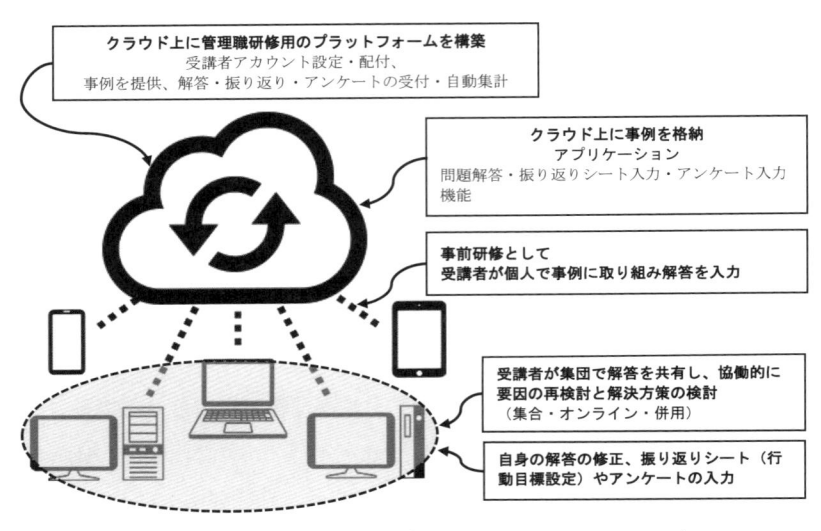

図1　ＣＢＴを提供するプラットフォームのイメージ

　と、異なる見方や捉え方を確かめ合ったうえで解決方策を検討し決定することなどは、直接交流する中から生じる相互作用が欠かせない。

　したがって、今回作成した管理職研修モデルは、ＣＢＴはあくまで事前研修とし、その後の集合研修において、事前研修の相互検討と省察から実践の構想を考えることをセットにしたプログラムである。

　なお、本研修モデルの開発は、文部科学省の令和5年度教員研修の高度化に資するモデル開発事業の委託を受け、北海道教育委員会との連携により行ったものである。特に、「研修転移を高めるためには、学ぶべき内容や状況を、学んだことを適用する場所や状況にひたすら近づけていく努力が、まずは必要」[2]であることに留意し、臨場感ある事例の作成の協力を得た。また、試行の調整や研修のサポートなどの支援を受けた。これからの管理職研修を構想するうえで都道府県教育委員会との連

携の重要性は後述するが、開発や連携の詳細は報告書[3]を参照されたい。

ＣＢＴを活用した管理職研修構想の概要

（1）ＣＢＴの作成

　ＣＢＴの作成にあたり、事例は実際に学校経営で生じている出来事を想起させる内容とし、概ね次の４点の条件を含んでいる。

・難問題を含むが、どこにでもありそうな出来事であり、中心人物（校長）が意思決定する出来事（いくつかの選択肢から決定している）
・目に見えている状況とその状況が生じる背景
・中心人物、他の登場人物の人柄や様子
・中心人物の困り感や弱さに感情移入できるような材料（読者が共感できる）

　併せて、今日求められる管理職の資質能力が発揮される場面や研修課題を事例の中に設定することとした。その際、「学校管理職育成指標」[4]の「キーとなる資質能力」とのつながりも考慮した。事例のストーリーは、〔２〕のとおり、中心人物の概観を述べ、中心人物が決断を迫られる状況を示した第１パートと、中心人物の判断と行動による現場の状況を示した第２パートからなる。

2　中原淳、島村公俊、鈴木英智佳、関根雅泰『研修開発入門「研修転移」の理論と実践 第４刷』2021年、ダイヤモンド社、pp.19-20。
3　文部科学省「学校におけるファシリテーションの展開を促進する管理職等研修の開発—ファシリテーションＣＢＴ（Computer Based Training）を媒介とした管理職研修プログラムの提案—」2024年。
4　北海道教育委員会「北海道における教員育成指標（令和５年３月改訂）」2017年。

〔２〕ストーリーの作成

手順	作業概要・作業上の留意事項等
中心人物	職務経験や仕事で重視していることなど、中心人物の人物像を概観できるような要素を述べる。
第１パート	・中心人物が決断を迫られる状況を述べる。（出来事の経緯、中心人物を困らせるもの、障害、言動や背景等） ※出来事の概要と中心人物が迫られている状況が、読者に把握できるようにする。
第２パート	中心人物が行った判断と行動により、職場の状況がどのようになったかを以下の観点で述べる。 ・中心人物が決断し、とった行動（中心人物が葛藤し、複数の選択肢から決断した心情、葛藤した背景は必須とする。） ・その行動に対して他の登場人物の反応（やりとりの言動や心情、複数いればそのやりとりなど） ・最後は、中心人物がさらに困った状況にあること

　そのストーリーに問いを〔３〕のとおり設定した。第１パートの問いは、研修の受講者が当該事例に対峙したと想定して、この段階までに自身であれば取り得た方策とこれから取ろうとする方策を答えるという設定である。次の第２パートでは、中心人物がさらに困った状況に至る経緯を分析する問いである。なお、受講者が単なる評論家になることを避けるために、中心人物の葛藤への共感を問うことにも留意している。そのうえで第２パートの状況を踏まえ、第１パートで考えた方策の修正や新たな方策の追加を検討するのである。最後は、ワーク自体を振り返るという流れになっている。

　なお、ＣＢＴはマニュアルではなく、自身が判断することが重要であることから、第１パート、第２パートともに事例が抱える問題の本質は何かを問うような問いの設定が重要となる。

〔３〕問いの作成

手順	作業概要・作業上の留意事項等
第１パート	読者が中心人物であると想定して、 （1）事例に対峙したときに取り得た方策を可能な限り挙げる。 （2）問題状況が表出してきた現状に対して、これから取り得る方策を可能な限り挙げる。
第２パート	（1）中心人物がさらに困った状況に至る経緯を分析する問いを設定する。 〔例〕・中心人物の葛藤に共感する部分の有無と理由 　　　・中心人物と他の登場人物とが理解し合えなかった関わり合いはどこか （2）このままの状況が改善されないとどのようなことが起きるのかを考える。 （3）ここまでのワークを踏まえて、再度、読者が、自身が取ろうとする方法を答える。理由も答える。 （4）振り返りシートを活用して、読者が考えたことを自由に記述させる。

（２）管理職研修プログラム（ＣＢＴ＋集合研修＋業務への還元）の作成

　本プログラムの基本的なコンセプトは、まず、ＣＢＴに取り組み、その結果を活用した集合研修を行い、そこでの学びから導き出したことを業務に還元するという流れを重視していることである。この流れは、ケースメソッドの手順[5]を参考に設定した。

　また、本プログラムの構想は、第１章で例示した日常の業務を学びの場とする教員研修モデルの発想も踏まえている。

5　浅野良一「ケースメソッドとは何か」日本教育経営学会実践推進委員会『次世代スクールリーダーのためのケースメソッド入門』2014年、花書院、pp.12-13。ここで浅野は、ケースメソッドの手順として、①個人研究を行う、②小グループ討議を行う、③全体討議（クラス討議）を行う、④次回事例を配布する、と示している。

CBTを活用した管理職研修プログラムの流れ

（1）CBTに取り組む（事前研修）

　まず、個人ワークとして、事例に示された問題の要因分析と解決方策の検討を行う。その際の手順は、次に示すCBTの手順のとおりである。事例では、この手順に従って思考できるように問いを設定している。したがって、入力内容は自動集計され、手順に沿った簡易レポートとして受講者が読み返すことができるようにしてある。

　なお、CBTに取り組むうえで留意しておきたい点がある。集合研修の際には、CBTで取り組んだ個人の解答が文字情報としてメンバー全員に共有される。その際、「他のメンバーにどう見られるか」「自身の解答は間違っているのではないか」などのネガティブな感情が伴うことが危惧される。ここが強化されると、無難で一般的な解答や理論と関連付けた模範解答を作成しかねない。この点については、事前に研修の趣旨を説明するほか、共有の際には無記名とするなどの配慮により、安心して取り組めるようにすることが必要となる。

CBTの手順

1 第1パートの事例を熟読し、中心人物の立場に立って、状況を把握する。

2 第1パートの問いに取り組む。

3 第2パートの事例を熟読し、中心人物の立場に立って、状況を把握する。

4 第2パートの問いに取り組む。

5 振り返りシートを活用して取組を振り返る。

　上記の流れに従って取り組み、事例の背後にある問題点に着目しながら、中心人物の問題の捉え方や行動、登場してくる人物とその関係性、解決に向けた問題の重要度、緊急度、優先度などを読み解き、事例が抱える問題の要因（中心人物のかかわり方）を把握する。そのうえで、解決策は複数案を考え、自身として妥当な案（理由を含めて）を選ぶ。ワーク後に取り組む振り返りシート（**図２**）は、自身の業務の進め方等と

1　事実の確認 ※自分の前提が揺らぐなど、記憶に残った事実を客観的に記述してください。	本ケースに取り組み、最も記憶に残った事実には、どのようなことがありましたか？
2　感情の確認 ※出来事が起こったときの自分の感情を記述してください。	そのとき、どう感じましたか？
3　感情の分析 ※あなたの感情の背景には、どのようなことがあったと思うのかを記述してください。	なぜ、そのような感情が生じたのでしょうか？
4　気づき ※確認した出来事や生じた感情から得られた気づきや学びを記述してください。	出来事や感情から気づいたり学んだりしたことは何でしょうか？
5　実践構想 ※得られた気づき等を、どのような場面や状況で応用しようと考えているかを記述してください。	得られた気づき等を、どのような場面でどのように活用できそうでしょうか？

図２　ＣＢＴ振り返りシート
出典：「経験学習シート」[6]を参考に筆者が作成した。

6　中原淳、関根雅泰、島村公俊、林博之『研修開発入門「研修評価」の教科書』2022年、p.156。

関連付けて考えることができる構成としている。

（2）ＣＢＴの取組結果を活用した集合研修

　集合研修ではさまざまな研修形態が想定できるものの、基本的な形態は小グループでＣＢＴの手順を再度行う形態とした。なお、集合研修では、ＣＢＴの解答時以上に、安心してやりとりできる配慮が必要となる。そのためにも、集合研修の開始時に受講者間の関係づくりを行う機会を意図的に設定することも必要である。また、唯一無二の正解がない困難な事例を題材として、受講者同士で協働的に検討し、一定の方向性を導き出すことを目的としていることから、多様な見方や捉え方を出し合う意義の共有も必要となる。これらを踏まえた流れは、次のとおりである。

1 演習の準備を行う

　心理的に安全な場をつくるために、アイスブレイクとメンバー間のやりとりのルールであるグランドルールの作成を集合研修の最初に位置付ける。そして、メンバー間の緊張感が緩和されたところで、研修のねらいと進め方を端的に説明するのである。関係づくりのワークを終えた段階で事前研修の受講者の解答を集約した共有シート（グループ別）を受講者に配付し、2 以降の流れでワークを行う。

2 問題の要因の検討

　問題要因の検討は、次の２つの流れで進めていく。まず、一定の時間を設定して、事前研修の結果（第１パート、第２パート）を読み合う。次に、グランドルールを踏まえて、認識が同じ部分と異なる部分に着目しながら、問題の要因をグループで探るやりとりを重ねていく。

　この段階では、いきなり結論を出すのではなく、あくまでも解答の内容を検討しながら、お互いの認識を確かめ合っていくことを重視する。なお、本プログラムで想定する要因は、中心人物のかかわり方に関係す

るものである。したがって、ファシリテーター（講師）は受講者に対して、事前研修で悩んだことや難しいと考えたこと、迷ったことなどを出し合うこと、「自分はなぜこう考えたのか」という問い直しを行うことなどを推奨する。この過程では、自身の認識がどのような見方や前提によるものかに気づくことも、重要なテーマになるからである。

　受講者間で安心してやりとりできる関係性が築けていけば、「あなたがそう考えた理由はどのようなことですか」や「この捉え方について、あなたはどう考えますか」というようにお互いの意見を探究し合う質問がしやすくなる。このように関係性も築きながら、問題の要因の目途をつけていくのである。ただし、要因を断定してしまうことには注意が必要である。あくまでも対話により受講者間の同異を確かめ合い、目途をつけたいくつかの要因を共有し、ワークを進めながらさらに探究していく関係性を築くことを重視したい。

3 解決策の検討

　この段階は、**2**の過程を踏まえ、とるべき行動や問題の解決の姿などについての結論を導き出す段階である。ただし、ファシリテーターは、受講者が唯一の正解や模範的な行動を求める志向になっていないかに着目し、自ら感じ取り、学び取ることを奨励し続けることが必要となる。

　進め方は、目途をつけた問題の要因とそう考えた事実が何かを確認し合う。その際に、中心人物の心情への共感等も確認する。その後、設定した問いに従って、事前研修で考えた対応の在り方を出し合っていく。このワークでは、自身が考えた問題の要因がグループワークを経て変わっていることも想定されることから、それらも交えて交流していく。その中から共通できていることを基に、実現可能な方策を決定していくのである。この過程でファシリテーターは、やりとりを観察しながら必要

な介入を行うことも想定される。その際、受講者がやりとりから感じ取ったり学び取ったりすることを重視することから、状況を把握しながら柔軟に進行したい。

4 検討結果の交流とファシリテーターのまとめ

ここは、いくつかのグループから検討過程とグループのメンバーの感想や気づきを発表し合いながら、受講者が自身の学びを振り返る時間とする。その際には、管理職として把握しておくべき現場の状況や問題の捉え方とかかわり方についての気づきの交流を進めることになる。特に、研修を通じて実感したこと、自身の認識が変わったこととその要因などに着目したい。併せて、研修後の実践を想定して自身の行動目標を考え交流したい。ただし、これらに限定することなく、グループワークからの気づきを広く出し合うように進めていくことも重要である。必要に応じて、関連する理論等を紹介することも想定しておきたい。最後はファシリテーターが感想を述べて終了する。集合研修での振り返りシートの入力は研修終了後に行い、集約結果から本研修の評価を行う。

（3）研修後のサポート

研修後は、研修で得た手応えや設定した行動目標を実践に還元することになる。

この過程では、研修で学んだことや設定した行動目標が忘れられないよう、一定期間のうちに、どのように働きかけを行うかを考えることが必要になる。副校長や教頭、教職員であれば、校長からの働きかけが想定できるが、校長が受講者である場合には、校内では難しい。そこで、設置者の市町村教育委員会が担うことが考えられるが、すべての市町村教育委員会が、学校経営指導担当の職員を配置しているわけではない。したがって、都道府県教育委員会には、大学等と連携しながら、管理職

研修の伴走を可能とする新たな仕組みづくりが期待される。例えば、都道府県教育委員会の学校経営指導担当職員のかかわりが想定される。当該職の職員であれば研修中の様子の観察を通じて、業務で把握している情報と関連付けた受講者理解を行うことが可能だろう。また、研修後の学校経営指導でかかわる観点の焦点化も期待できる。いずれにしても、管理職研修の伴走体制が求められる。

ＣＢＴを活用した管理職研修構想の試行
―宗谷管内公立学校長研修会／根室管内学校経営力養成講座―

　試行は、北海道の宗谷管内公立学校長研修会と根室管内学校経営力養成講座において実施したものである。まず、ＣＢＴを活用した管理職研修を試行する枠組みと試行の概要を紹介する。次に、第３章までに述べてきた教員研修のアップデートと関連付けて試行から把握できた受講者の認識と考察を述べる。最後に、試行のまとめと今後の課題を述べる。

　なお、紹介する試行は小中学校の校長を対象としたものであるが、基本的な考え方はどの学校種の管理職研修にも共通するものと考える。

（1）試行の枠組み

｜宗谷管内公立学校長研修会

　試行の枠組みは、既存の「令和５年度宗谷管内公立学校長研修会」（以下「宗谷管内」という）を活用したものであった。当該研修会は、「学校経営上の諸課題を的確に把握し、解決するための研修を通して、校長としての学校経営・管理能力の向上を図る」ことが目的である。主催は北海道教育庁宗谷教育局、年間２回の開催である。

｜根室管内学校経営力養成講座

　試行の枠組みは、既存の「令和５年度根室管内教師力向上研修プロジ

ェクト学校経営力養成講座」（以下「根室管内」という）を活用したものであった。当該講座は、「講話から実践的な学校経営論を学ぶと共に、各自が抱えている課題やその解決の方策等について協議を行いながら学びを深めることで、管内の校長・教頭・主幹教諭及びミドルリーダーとしての学校経営力を高めることを目的とする」としている。主催は管内校長会であり、根室教育局、根室管内の全市町村教育委員会が後援する研修会である。当該講座が開始された時期には、校長のみの研修会だったが、近年は教頭・主幹教諭およびミドルリーダーの教員にまで拡大してきているとのことであった。

（2）試行の概要

①実施日程

〔事前研修〕両管内とも集合研修前に約1か月間の期間を設定して実施。

〔研修当日〕研修時間は宗谷管内が135分間、根室管内が170分間。

②受講者数 ※事前研修と集合研修を一体とした参加者数

〔宗谷管内〕51名（当日研修：集合15名、遠隔36名）

〔根室管内〕80名（当日研修：全員集合　校長33名、教頭36名、主幹教諭5名、教諭6名）

③実施形態

〔事前研修〕

　事前研修実施期間内で受講者各自が自身の都合に応じ、プラットフォームから事例をダウンロードして個人で取り組んだ。事前研修に要した時間は、**表1**のとおり。個々の受講者によって差が見られたものの、宗谷管内が72.5%（29名）、根室管内が78.5%（51名）が1時間から2時間程度であった。なお、文字数や記述内容に関して、所要時間の差を根

表１　事前研修の所要時間

所要時間	30 分間以内	60 分間以内	90 分間以内	120 分間以内	150 分間以内	180 分間以内	180 分間以上
宗谷管内人数（人）	3	15	10	4	0	5	0
根室管内人数（人）	5	16	25	10	4	2	3

※回答者数
　宗谷管内：（回答者数：40 名　回収率 78.4%）、根室管内（回答者数：65 名　回収率 81.3%）

拠として捉えられる顕著な傾向は見られなかった。

　また、使用する事例は、主催者と事前に検討して管内の学校経営課題と関連付けたものを選ぶこととした。宗谷管内は「対話に基づく受講奨励」に困難を来す事例であり、根室管内は「働き方改革『教師の前提の違いにどう取り組むか』であった。参考までに、「対話に基づく受講奨励」に困難を来す事例を以下に紹介する。

北海道教員育成指標（管理職版）のキーとなる資質能力：「人材を育成する力」
テーマ：「対話に基づく受講奨励」に困難を来す事例
【中心人物の紹介】
　校長Ｓは57歳であり、校長歴３年目となる。前任校は複式３学級と特別支援学級が１学級設置されているへき地小規模小学校であり、本校が２校目の勤務校となる。本校は、各学年１学級と特別支援学級が２学級設置されている小学校である。教職員の構成は、20歳代の初任段階の教員が１名、30歳代から40歳代後半が養護教諭、事務職員を含めて９名で人数的にも年齢的にも中心となっている。50歳代は特別支援学級担任と教頭及び校長の３名である。
【第１パート】
　着任に当たって、前任の校長からの引継ぎは「教諭Ａは将来的に管理職として活躍してほしいと考えている人材である。」であった。教諭Ａ（30歳代後半）は、本校勤務が５年目である。今年度の校内人事においては、本人の希望もあり、前年度同様の生徒指導を中心とした指導部に所属し第５学年の担任である。
　教諭Ａは、生徒指導の機能を生かした学習指導や学級経営を進めることが重

要であると考えており、日常の教育活動や指導場面において、児童の自己有用感が高まるような声かけや心理的安全性を確保した学級経営を進めている。こうしたことから、児童のみならず、保護者とも良好な関係を構築しており、信頼も厚い。校長との期首面談においても、生徒指導の重要性や自らの実践のほか、児童が卒業後に進学する中学校や関係機関等との連携を密にしていること、生徒指導に係る会合においても積極的に発言していることなどの話題が中心であった。

　教諭Aはこれまで、本校で文化部や体育、児童会等を担当してきており、昨年度、初めて生徒指導を担当することになった。年度当初は、前年度に担当していた教諭も他校に異動したため不安を感じていたが、教頭からのアドバイスのほか、残された資料やデータを参考にして自分なりに考えながら業務を進めてきた。今年度は、昨年度の経験から業務の見通しを持つこともでき、児童間のトラブルや基本的生活習慣の指導の見直しなどの事案の対応を経験したことから自信も持てて、指導部の中心的な役割を果たそうとしていた。

　一方、校長Sには気がかりなことがあった。それは、校内研究の取組が停滞していることであった。気がかりの背景は、研究部を担当している教諭C（40歳代前半）の運営の仕方であった。教諭Cは、自身が学んでいる独自の理論を展開しており、その理論に賛同する一部の教員で校内研究を進めていた。ここに関わっている教員たちの姿からは、活発に研究活動を行っているように見えた。しかし、この運営の在り方を快く思っていなかったり、その理論自体に懐疑的であったりする教員にとっては、全く賛同できないものとなっていた。したがって、学校全体で組織的な取組となっておらず、児童の実態や学校の教育課題を共有し、共に解決を目指すという取組となっていなかった。研究部を担当している教諭Cは本校での勤務経験年数が6年目である。次年度は異動対象者となっており、本人も他校への異動を希望している。

　そこで、校長Sは、教諭Cの後任を教諭Aにしようと構想していた。その理由は、教諭Aが生徒指導の事案に対し、中心的な役割を果たしながら対応したことで他からの信頼を寄せていること、組織的に取り組むことの重要性を経験したこと、生徒指導の機能を生かした学習指導に一層力を注いでいることのほか、今後、生徒指導に偏ることなく、広い視野をもって研究部や教務部で多くを経験し、近い将来、主幹教諭や管理職を目指してほしいと考えていたことなどにあった。こうしたことを踏まえて、6月に教諭Aとの研修受講奨励の面談を実施した。

　校長Sは、生徒指導体制の構築に取り組んでいることへの労いと感謝の言葉

を添え、その際に苦労や配慮したこと、今後の取組など、教諭Ａの思いや考えに耳を傾けることに特に配慮した。

　教諭Ａは、校長Ｓからの自らへの賞賛と受け止め、面談における会話も弾んだ。また、教員育成指標を活用し、教諭Ａが自らを振り返り、現状の認識や今後のライフプラン、自らを高めるための具体的な方策や研修等に話が広がった。教諭Ａは終始、生徒指導の重要性を強調し、引き続き、生徒指導に携わりたいと考えていること、生徒指導の専門性を高めたいと願っていることなどが話題の中心であった。

　研究部を担当するための意識付けやその道筋をつくりたいと考えていた校長Ｓは、教諭Ａの思いや考えを受け止めながら、生徒指導の機能を生かした学習指導に一層力を注いでいることと関連付けて、教科に関する研修を受講してはどうかと提案した。校長Ｓの提案を聞いた教諭Ａは、驚いたような表情で「教科の研修に参加してほしいということでしょうか？」と聞き返してきた。校長Ｓは、教諭Ａに対し、今後、生徒指導に偏ることなく、広い視野をもって研究部や教務部で多くを経験し、近い将来、主幹教諭や管理職を目指してほしいと考えていることを伝えた。しかし、教諭Ａは、自分は研究を担当するタイプの教員ではないこと、教務部を担当すると学校規模によっては担任ができず、教科指導の時数も少なくなってしまうことなど、否定的な内容の発言があり、教諭Ａの思いや願いと校長の提案は平行線のままとなってしまった。教諭Ａの頑なな気持ちを伝えられた校長Ｓは、教諭Ａを中心とした校内研修の改善構想のスタートから躓くことになった。

〈問い〉

　次の２つの問いに対して、あなたの考えを可能なだけ挙げてください。

　自身が、第１パートの校長Ｓであると想定した場合に、

観点①　ここまでの過程において、校長としてできたであろう教諭Ａとのかかわりは何でしょうか。

観点②　第１パートの状況から、今後の教諭Ａに対し、これからできることは何でしょうか。

【第２パート】

　そこで、校長Ｓは、現在研究部の主担当である教諭Ｃに今年度から次年度に向けた改善の段取りをつける役割を担ってもらおうと考えた。その体制が整えば、教諭Ａも研究部の主担当を受けやすくなると考えたからである。以下は、その段取りをつけるための教諭Ｃとのやりとりである。

校長Ｓ：早速ですが、**研修受講奨励の面談を始めたいと思いますが、よろしい**

でしょうか。

教諭Ｃ：はい、お願いします。

校長Ｓ：先生には研究部を担当していただいて、大変な御苦労をかけていると思っています。いつもありがとうございます。今日は、今後先生がどのような研修を受講したいと考えているのかをお聞きしたいと思っていますが、校内の研修や研究体制の課題についても伺いたいと考えています。よろしくお願いいたします。

教諭Ｃ：いえ、私なりにいろいろと勉強していることがありまして、それらを生かすことができているので苦労だとは思っていませんし、先生方のためになっているのでやりがいを感じています。

校長Ｓ：先生自身、研究の進み具合や先生方の取組については、どのように感じていますか。

教諭Ｃ：はい、先生方は私の考えを理解してくれていて、授業実践と関連させながら精力的に取組を進められていると思っています。しかし、一部の先生方の理解が深まっておらず、取組が滞ってしまっている部分もあります。

校長Ｓ：実は、私も先生と同じように取組が滞っているように感じていました。この後、どのように研究を進めて行こうと考えていますか。

教諭Ｃ：研究部の担当者として、理論と実践を関連させなければならないと考えていますが、個々の専門性や経験年数等が違うので、全員の理解を得て取組を進めるのは難しいと思っています。

校長Ｓ：そうですか。校内研修や研究は、学校全体で取り組むことで大きな成果が得られると思っていますので、是非ともすべての先生方が一丸となって組織的に取組を進めることができるよう、今年度内に次年度の方向性について先生方の合意を得るような取組をお願いしたいと思っています。

教諭Ｃ：校長先生のお話は理解できますが、私が提案することや理論を理解できない先生、個人的な考えに固執して研究部が提案する内容を実践に結び付けてくれない先生から理解を得ることは無理だと思っています。

校長Ｓ：そうですか。先生の思いは分かりますが、学校の教育課題の解決に向けた取組や研究の推進は組織的に進める必要がありますので、学校全体での取組となるように進め方等を工夫して欲しいと思っています。

教諭Ｃ：先程もお話ししましたが、理解を示してくれない一部の先生方に対し

て理解を求めるより、私が提案する内容や理論を踏まえて実践していただける先生方を中心に進めた方が、多くの成果を得ることができると思っていますので、これまで同様に取組を進めたいと思っています。

　結局、このようなやりとりがしばらく続き、組織的に取組を進めて欲しいという思いは教諭Ｃには伝わらなかった。校長Ｓは、今年度はこのままの体制で研究を進めるしかないと教諭Ｃの説得を諦め面談を終えた。教諭Ｃの異動の可能性が高いことから、校長Ｓとしては、校内で後任が務まるのは教諭Ａしかいないという考えは変わらなかった。しかし、教諭Ａは、学校の生徒指導体制の構築の方に強い関心があることは、前回の面談で把握済みであった。そこで、その点も踏まえた２回目の面談を行うことにした。

校長Ｓ：大変お忙しいところ、２回目の面談をお願いして申し訳ありませんでした。次年度の校内体制について先生とお話がしたかったのでお願いしました。

教諭Ａ：はい、分かりました。何かありましたか。

校長Ｓ：今年度、いじめの問題に対して、先生が中心となって迅速かつ適切な対応をしていただいたおかげで、関係する保護者も理解を示してくれましたし、学びを保障してあげることもできるようになりました。本当に感謝しています。

教諭Ａ：今回の事案では、たまたま私が中心的な役割を担っただけで、先生方の協力や連携した対応がよかったのだと思います。私も多くを学ぶことができました。先生方に感謝しています。

校長Ｓ：今、先生からお話があったように、先生自身が先生方の協力や連携した対応の重要性を感じたと思います。是非とも、目指す方向性を明らかにして、先生たちが協力し合える実践の経験を生かして欲しいと思っています。

教諭Ａ：はい。

校長Ｓ：次年度の校内体制についてなのですが、私としては、先生の先ほどの経験を、今度は研究部で生かしてほしいと考えています。学校全体で組織的な取組を進めるための中心的な役割を果たして欲しいと考えています。いかがでしょうか。

教諭Ａ：えっ、研究部ですか…。

校長Ｓ：先生のいじめ問題への適切な対応が大変印象的で、他の先生からの厚い信頼を寄せていることもあり、是非先生に担当して欲しいと思っています。

教諭Ａ：…。

校長Ｓ：先生は、日常の授業においても生徒指導の機能を生かした学習指導に一層力を注いでいますよね。前回の面談では、ご希望されていませんでしたが、やはり教科に関する研修を受講してはどうか…とも思っています。いかがでしょうか。

教諭Ａ：教科の研修に参加してほしいということでしょうか。私は研究を担当するタイプの教員ではないと思っていますし、研究の進め方について、いろいろと聞こえてくることもありますので…。

校長Ｓ：例えば、どのようなことが先生の耳に入ってきていますか。

教諭Ａ：ここだけのお話ですが、Ｃ先生の提案する内容や理論は偏りがあって、Ｃ先生の考えに理解を示す一部の先生だけで進められていることに不満をもっている先生がいらっしゃいます。

校長Ｓ：Ｃ先生は、Ｃ先生なりの考えや勉強なさったことを踏まえて取組が進められていますが、先生の言うとおり、学校全体の取組には至っていないように思います。そこで、先生には体制を整えてもらい、組織的に取組が進むように力を貸して欲しいと思っています。

教諭Ａ：いじめの問題への対応をとおして組織的に進めることが大事だということは学びましたが、組織的に取組が進むように研修や研究体制を整えるのは私の役割なのでしょうか。

（中略）

　結局、このようなやりとりがしばらく続き、面談は平行線のまま終了した。この段階において、校長Ｓの構想は、教諭Ａ、教諭Ｃともに理解を得られなかった。現状では、次年度の校内の研修や研究体制をどのように構築していくのかについて、全く見通しが立たない状況にある。

〈問い１〉

　校長Ｓの葛藤に共感する部分を挙げ、その理由を説明してください。

〈問い２〉

　校長と教諭Ａ、教諭Ｃが理解し合えなかったかかわり合いは、どのような点にあると思いますか。

〈問い３〉

　このままの状況が続くと、どのようなことが起きるでしょうか。

〈問い４〉

　ここまでのワークを踏まえて、第１パートの現状から解決に向けて、これからやれる教諭Ａ、教諭Ｃとのやりとりは何でしょうか。

また、教諭Ａ、教諭Ｃとのやりとり以外の方策があれば説明してください。
さらに、行おうとするやりとりや方策を選んだ理由もそれぞれ説明してください。

〈問い5〉

このワークから考えたことを「振り返りシート」を用いて、「対話に基づく受講奨励」を切り口として、人材を育成する管理職の力について整理してください。

作成者：千代隆志（北海道教育庁宗谷教育局義務教育指導監）、北村善春

〔研修当日〕

　研修形態は、宗谷管内が集合形式とWeb会議システムの併用、根室管内は全員が会場集合であった。会場設営、オンライン接続や音響テスト、リハーサル等の準備は主催者が行った。研修参加の集約や演習のグループ編成も主催者が行った。両管内とも当日の運営は、前述した集合研修の流れを踏まえて、主催者と筆者（講師）が役割分担しながら行った。参考までに宗谷管内の運営状況を紹介する。根室管内の運営状況も概ね同様の流れであった。

研修当日の流れ

※表中の講師は筆者、支援者は宗谷教育局職員である。

時間	活動名	活動概況	講師の役割	支援者の役割
9:30	開会挨拶	主催者、共催者による挨拶 ※今日的な学校経営課題と研修会に期待すること等の趣旨		
9:40	研修会開始 アイスブレイク、グランドルール作成	テーマ「12月の（なければ、思い出せる期間内で）職場で、「よかったな」「嬉しかったな」と感じたことを思い出して、端的に紹介し合いましょう！」 流れ：思い出す（個人で）・紹介し合う（グループで）・称賛する（拍手、「いいですね」等）	受講者が安心して交流できるような雰囲気づくり	・遠隔参加者支援 ・受講者の観察 ・写真、動画の記録

9:45	研修のねらい	講師が、端的に説明する。「管理職同士で、協働的、実践的に学校経営をシミュレーションする」とした。さらに、それを通じて、教職員の育成を支援する行動と自身のアセスメントとファシリテーションの在り方を検討・考察することを共有した。	説明	・遠隔参加者支援 ・受講者の観察 ・写真、動画の記録
10:00	演習①の導入	○演習に関連する説明 〈理論的な内容〉 省察の重要性、コミュニケーションの形態（対話と議論）の差を意識 〈進行に関する内容〉 ・司会者と演習のやりとりのルールとしてのグランドルールを検討し決定する。 ・演習①、②の流れ	説明	・遠隔参加者支援 ・受講者の観察 ・写真、動画の記録
10:10	演習①	※対話中心 手順1： ここは、あくまでも事例内容の理解を深めることを目的に、第1パートの問いの観点①、第2パート〈問い1〉〈問い2〉〈問い3〉について共有シートを読み、メンバーの回答を確認する。 手順2： 回答の理由などをメンバーで質問し合う。 手順3： 本事案の要因と解決に取り組む上で生じる阻害要因を整理する。	受講者を観察しながら、必要に応じて介入する。	・遠隔参加者支援 ・受講者の観察 ・必要に応じて介入 ・写真、動画の記録
10:35	演習②	※議論中心 手順1： ここでは、取るべき行動を決定することを目的に、第2パートの〈問い4〉について共有シートを読み、メンバーの回答を確認する。演習①と同様に質問し合う。 手順2： 手順1の整理を踏まえて本事案で取るべき行動を検討し、決定する。	受講者を観察しながら、必要に応じて介入する。	・遠隔参加者支援 ・受講者の観察 ・必要に応じて介入 ・写真、動画の記録

11:05	休憩			
11:15	検討結果交流	①検討過程と結果の発表（２チーム） ・本事案の要因と解決の阻害要因 ・取るべき行動とその理由 ②他チームからの質疑応答や追加提案	交流を進行しながら、発表を受け止め、質問を駆使して発表されなかった検討過程を引き出す。２つの発表に共通した内容を概念化して整理する。	・遠隔参加者支援 ・受講者の観察 ・写真、動画の記録
11:30	研修まとめ	①研修のねらいの達成度の確認 「省察」「対話」「議論」の実践はどの程度できたか ②「職場づくりに向けた管理職の働きかけ」とはどのようなことだと認識したか ③理論的示唆（管理職の多様なリーダーシップ） ④今後の実践への期待	研修を振り返る観点を提示するとともに、研修内容に関わる理論的示唆を講義する。最後は、研修での気づきを今後の実践に還元することを期待して終了する。	・受講者の観察
11:45	終了			

（3）試行から把握できた受講者の認識と考察

　試行を通じて把握できたことを基に、これからの管理職研修を構想するうえで必要となる点について考えていく。ここでは、あくまでも、第１章で示した教員研修のアップデートの着眼点である学び合う基盤づくりと関連付け、どのような気づきがあったかをみていくことにする。次に、学び合う基盤づくりに果たす校長会や北海道教育委員会の役割をどのように実感したかをみていく。

学び合う基盤づくりへの気づき

　ＣＢＴを活用した管理職研修プログラムの試行の協力者に対して、Webアンケート（**表2**）とインタビュー（アンケート項目①から⑤）

宗谷管内の集合参加の様子

遠隔参加の様子

根室管内の集合参加の様子
（同一校の管理職と教員による要因検討の対話）

複数のグループによる
解決方策検討の議論

　を行い、今回の試行に関する記述や口述に着目し、受講者が意義を感じ
ていると考えられる要素を析出した。ここでは、その概要を紹介する。
なお、Webアンケートは131名に実施し105名（回収率80.2%）から
の回答を得た。また、インタビューは、13名に行った。

　次に、受講者の記述や口述（アンケート項目①、④、⑤、⑥）から、
ＣＢＴを活用した管理職研修プログラムの試行に意義を感じた要素を析
出したところ、**表3**のように整理できた。

　以下に、整理の手順を示す。

【情報共有】

　受講者の記述や口述では、自身の業務で感じている悩みや課題等を出
し合い、共有できることの意義が語られていた。この意義を「課題（悩

表2　Webアンケートの質問項目と質問内容

質問事項	質問内容
①管理職研修	これまで印象に残った管理職研修を教えてください。それは、研修会の全体でも、一場面でも構いません。また、ご自身が希望する管理職研修の内容や形態を教えてください。
②学校経営（1）	勤務校の学校経営方針の重点を教えてください。また、ここまでの手応えと課題を教えてください。
③学校経営（2）	学校経営構想や実践の振り返りをどのように行っているかを教えてください。
④研修ツールの活用（1）	事例回答共有シートをご覧ください。他者の結果をご覧になって、どのようなことをお感じになりますか。
⑤研修ツールの活用（2）	管理職用ファシリテーションＣＢＴ（個人ワーク、集団ワーク）は、学校経営の構想や振り返りにどのような影響を与えるでしょうか。
⑥研修ツールの活用（3）	管理職用ファシリテーションＣＢＴが、学校経営の構想や振り返りに貢献するためには、どのような環境整備が必要でしょうか。
⑦事前研修所要時間※選択	30 分間以内　60 分間以内　90 分間以内　120 分間以内　150 分間以内　180 分間以内　180 分間以上

表3　受講者が意義を感じた要素

大要素	中要素	意義
内容	情報共有	課題（悩みや困難）の共有
	お互いの考えの交流	安心の実感
		双方向の対等なやりとり
	事例検討	失敗から学ぶ
		実際に生じる場面の仮想体験
		事例の検証から対応までの一体の検討
		省察
形態	演習	校長同士の交流
		個と集団の学び
		学び合い
	実施方法	オンラインと集合の使い分け

みや困難）の共有」としてまとめ、これを「情報共有」という中要素に整理した。

【お互いの考えの交流】

　受講者の記述や口述では、自身の不安や迷いと照らし合わせ、一定の方向性を獲得できたことにより安心の感情を抱くことができた意義が語られていた。この意義を「安心の実感」としてまとめた。また、受講者

同士で意見や考えを出し合う中で、自身の考えの整理や新たな発想のヒントを得たことが語られていた。この意義を「双方向の対等なやりとり」としてまとめた。そのうえで、この2つの意義に共通する内容である「お互いの考えの交流」を中要素として整理した。

【事例検討】

　受講者の記述や口述では、失敗事例からみんなで検討し、どうすればよかったのかを考えることの意義が語られていた。この意義を「失敗から学ぶ」としてまとめた。また、仮想の事例ながら、自身の実践に近い事例として受け止め、自分事として考えることができた意義も語られていた。この意義を「実際に生じる場面の仮想体験」としてまとめた。また、事例をもとにした検証から対応までをグループ等で話し合い、実際の学校経営に役立てるヒントを得たことの意義が語られていた。この意義を「事例の検証から対応までの一体の検討」としてまとめた。さらに、正解を見つける学びではなく、なぜ自分はそう判断したのか、なぜそう考えたのかなど、自身の在り方そのものに着目できたことの意義が語られていた。この意義を「省察」としてまとめた。そのうえで、この4つの意義に共通する内容である「事例検討」を中要素として整理した。

　これら3つの中要素は、ＣＢＴを活用した管理職研修プログラムの内容に関することが共通していた。そこで「内容」を大要素として整理した。

【演習】

　受講者の記述や口述では、学校経営に関して他校の校長と協議する形態の意義が語られていた。この意義を「校長同士の交流」としてまとめた。また、個と集団の学びとして、自身でじっくり考える時間を確保して研修当日の準備を行い、研修前に考えたことを研修中に対話するとい

う形態の意義が語られた。この意義を「個と集団の学び」としてまとめた。また、一方的な伝達や講義を聞くだけの研修ではなく、事例を教材としてグループの対話による学び合いの形態の意義が語られた。この意義を「学び合い」として整理した。そのうえで、この３つの意義に共通する形態である「演習」を中要素として整理した。

【実施方法】

受講者の記述や口述では、二者択一で形態を選択するのではなく、状況に応じて選択を可能としたり新たな形態を模索したりする意義が語られた。この意義を「オンラインと集合の使い分け」としてまとめ、これを「実施方法」の中要素として整理した。これらの２つの中要素は、ＣＢＴを活用した管理職研修プログラムの形態に関することが共通していた。そこで、「形態」を大要素として整理した。

これからの管理職研修への示唆

以上、ＣＢＴを活用した管理職研修プログラムの試行の受講者の記述や口述から、把握できた意義をまとめ、意義を感じる要素として整理した。つまり、受講者が意義を感じる管理職研修を構想するうえでは、内容と形態からの検討が必要であり、プログラム内容には、情報共有、お互いの考えの交流、事例検討の要素が含まれることが必要だと示唆された。また、研修形態に関しては、柔軟な実施方法を基本として、演習が位置付けられる必要があることが示唆されたといえる。

そこで、この分析を基に、これからの管理職研修の構想に必要となることを整理した。

１つ目の示唆は、他者とのつながりを実感できる内容と形態を有していることである。受講者が感じた意義は、「課題（悩み、困難）の共有」「安心の実感」「双方向の対等なやりとり」「校長同士の交流」などであ

り、すべて他者とのつながりから生じた要素であったという点が共通している。これらの意義は、事例で示された問題の解決に留まらず、自身の意欲の向上や自信の獲得にまでつながることが語られていた。また、これらは、校長同士が安心して交流できる場を求めていることを物語っている。校長職は1人職であり、日々の学校経営の場面で、自身の認識を同じ立場の職と確かめ合う機会の希薄さが背景にあるものと考えられる。この点は、第3章の学校を超えたスクールリーダー研修会の枠組みと共通するものである。

このように、受講者間のつながりやつながりで学ぶ意義を実感できる内容と形態を有していることが、これからの管理職研修に必要であることが認識されたということである。

2つ目の示唆は、知識の一方的な伝達ではなく、問題解決に知識や経験を用いて学び合う機会の設定である。受講者が実感した「失敗から学ぶ」「実際の場面の仮想体験」「事例の検証から対応までの一体の検討」の意義に共通することは、仮想の事例ながら、自身も出会うであろう事例として感情を移入して受け止めることができたという点である。受講者の記述や口述では、「間違いなく遭遇するであろうと思われるケース」との受け止めが多くみられた。これは、現実的な問題解決に焦点が当てられることにより、学習への方向付けが行われたと考えられる。この点は、成人の学習者が望む「課題と実践の結びつき」とも共通する。

そのうえで、失敗事例から受講者同士で対応を検討する際に、自身の知識や経験が問題解決などに用いられ、併せて、他者の多様な考え方に触れながら、事例の要因から解決方策までを一体的に検討できたことも意義として認識されていた。失敗について話し合うことは対人関係のリスクを侵すことになり、ともすると避けられがちである。しかし、事例

に登場する仮想の人物の行動に対して、背景を想像しながら共感できる心情にも触れ、自身が取ろうとする行動を検討し合うことが、リスク軽減につながることも実感されていた。

　また、正解を見つける学びではなく、なぜ自分はそう判断したのか、なぜそう考えたのかなど、ＣＢＴに取り組む中で感じたり考えたりしたことをきっかけに、自身の在り方そのものに着目する省察が促される意義も実感されていた。「振り返り方を学ぶ」というコメントからは、単なる反省ではなく、自身の違和感や思いに着目する省察の重要性を実感したことが推察された。また、このような実感から、省察が他の場面でも再現されることを想起させた。

　さらに、体験した研修プログラムを勤務校で再現しようというコメントが多くみられた。勤務校での再現にあたっては、校長のトップダウンで推進するのではなく、教職員の相互作用がいい方向に働くようなかかわりを模索する方向で考えられていた。こうした動きは、心理的安全性や教職員集団の同僚性や信頼関係づくりを構築するために、管理職やミドルリーダーのファシリテーションを模索する方向性といえた。

　これらから伺えることは、課題解決のシミュレーションを通じて、自身の学校経営の在り方を確認したり構想したりすることの重要性である。また、解決方策を導き出せたという結果だけに留まらず、自身の省察や実践を構想する機会となる重要性も確認できた。事例検討の研修機会がなにより求められていることの証である。

　３つ目の示唆は、状況に応じた研修形態や学び方の柔軟さをあげることができる。今回の試行は、事前のＣＢＴ研修は受講者一人一人のペースと方法で、集合研修は主催者の希望する形態で実施した。また、「演習」という形態をとりながらも、個人思考と集団思考の時間の設定やグ

ループ間の交流のほか、アイスブレイクやグランドルールの設定など、グループごとに関係づくりや学び合いが生じるような工夫を取り入れた。受講者からは、「オンラインと集合の使い分け」「事前に事例について考え、あとで対話する形式は心に残る」「まず個で考えていろいろ情報収集して考えて、その後、他の校長先生方と協働的な学びをして、また個に帰っていく。こういう集団と個という授業の流れと同じような学びが我々にも大事かなと思っていて、まさしく今日もそうでした」「理論の伝達のような一方的に聞くだけの講義型の研修ではなくて、今回のような事例に基づく演習からグループの対話による学び合いを今後も希望します」などのコメントが語られている。これらからは、受講者は、研修形態やかかわり方を自己調整できる柔軟性や、新たな研修形態を求めていることがわかる。

　以上の３点から、ＣＢＴを活用した管理職研修プログラムが、学校経営上の課題解決をシミュレーションできる現実的な研修ツールであるとともに、受講者同士で学び合うことに貢献する機能を有していることが示唆された。併せて、研修計画段階から研修後までの各段階において、主催者、受講者、支援者の関係性の構築に着目することが、学び合う管理職研修を構想するうえで重要な要素となることも確認できた。これらは、第１章で示した教員研修のアップデートの着眼点である学び合う基盤づくりにも共通する点といえるだろう。

学び合う基盤づくりに果たす校長会や教育委員会の役割

　ここでは、研修の計画段階から、事前研修、集合研修中、研修後にどのようなかかわりが行われたのかを整理する。

〔研修計画段階〕

　主催者（教育委員会や校長会）が管理職研修を構想する際には、受講

者にとって必要性が実感されるような内容や運営、研修参加への働きか
けを検討することが特に重要となる。しかし、従来は、研修計画段階で
の関係者の協働は限定的で、必ずしも受講者の関心に沿った研修が行わ
れていたとは言い難い。

　そこで、研修計画段階（事前研修を含む）での関係者の連携に関して
のポイントを整理した。

　まず、管理職研修を新規として立ち上げるか、既存の研修会に位置付
けるかの選択がある。両管内の試行は、既存の研修会のテーマと関連さ
せて試行を位置付けるという現実的な選択であった。ただし、今回のよ
うに誰もが初めて経験する内容や方法であることや、クラウドを活用し
た個人での事前研修を踏まえると、受講者からの問い合わせ等が容易に
想像できた。したがって、主催者と筆者の間では、綿密な打ち合わせが複
数回必要となった。例えば、事前研修に要する期間の見積もりは、余裕
を持ちながらも、学校行事や学校の時期的な業務等との関連を考慮する
必要がある。研修当日のグループ編成の在り方についても、望ましいと
思える人数と共通の属性（同一自治体、同一校、類似した学校規模等）を
考慮して編成する必要があった。また、参加形態の検討も必要であった。

　このような打ち合わせを通じて試行の準備が整えられたが、打ち合わ
せでのやりとりは、それ以外の影響も生じさせた。それは、主催者と筆
者との関係性の変化である。当初は、筆者が研修企画者として研修プロ
グラムを作成提供し、主催者側はそのプログラムを受講者に連絡すると
いう関係性であった。しかし、打ち合わせを通じて、主催者側の課題意
識や管理職研修への考え方が発信され、細かな提案がなされるようにな
ってきた。受講者にとって意義ある研修会を、相互に創造していく関係
性に変化してきたといえた。これは、管理職研修を構想する段階におい

て、それぞれの立場から学校経営の課題を出し合いながら運営作業に協働的に参加するという行動であり、これからの管理職研修を構想するうえで示唆的であった。

　また、北海道立教育研究所には、ＣＢＴを提供するプラットフォームを構築し、公的なセキュリティルールで使用できるような支援をいただいた。併せて、アクセスマニュアルの作成、配付や、問い合わせへの対応も協力いただいた。このことにより、ＣＢＴを活用した管理職研修を実施する基本的な環境が安価に整備できた。

　このように、研修計画段階においては、主催者と支援者（今回は筆者と北海道立教育研究所）が、相互の役割を明確にして、それぞれの立場からの意見を出し合い、協働的に研修を構想する関係性の構築が重要になることが示唆された。つまり、教育委員会や校長会の役割の広がりが期待されるということでもある。これに関して、特に着目したい役割の３点を示す。

　まず、情報提供の方法である。この点について、受講者や事例作成者からは、ＣＢＴの存在自体をアナウンスしても、自身の学校経営と関連する情報の提供がないと活用がなされないことが指摘された。また、教育委員会としての管理職研修への位置付けや、管理職同士の横のつながりにも活用できるといった点も併せて情報提供する必要性の指摘もあった。こうしたことから、受講者にとって役立つ情報の提供が必須ということがわかる。

　また、既存の校長会等の研修会を活用し、まずは強制的にでも試行してよさを感じてもらうことの重要性も語られた。これは、受講者の自主性を尊重しながらも、一定程度の強制力を働かせた仕組みも必要だということだ。この辺りに、教育委員会や校長会が果たす役割があると考える。

　次に、準備についてである。今回の試行では、さまざまな主催者の丁寧な準備が目立った。主催者から、ＣＢＴを活用した管理職研修プログラムの開発趣旨やその構造、期待される効果や試行に対する大学からの支援、疑問点などに関して、詳細な説明が求められた。これらは、受講者に対して主催者が十分な説明を行ううえで必要な聞き取りだった。成人の学習では、学習の自己概念は自発的、自己決定的で自律的であるとされており、主催者の聞き取りは、受講者のこのような特性に考慮し、やらされ感が増幅することのない準備を志向する意図があった。

　このように、計画段階においては、情報提供や準備の在り方によって、受講者が納得して参加できる環境を整えることや、その過程を通じた相互の関係性の変化に影響を与えることが示唆された。特に、受講者の置かれた状況や課題意識を踏まえたつながりのある人間から、日常業務での関係性を生かして情報提供や働きかけが行われたり、関係者で検討が行われたりすることの重要性が認識されている。

　3点目として、事前研修参加への働きかけである。例えば、業務との関係で緊急対応が必要となるほか、体調や私的な用事など、事前研修が最優先に行われないことがあることは当然、踏まえておきたい。

　さらに、自身の関心や課題意識と直結しないテーマであれば意欲が高まらないことも予想される。ただし、研修当日は、事前研修の解答を共有することから、それが無解答だった場合には研修への取組が受動的になり兼ねない。したがって、不参加は回避したいところであるものの、やらされ感を増幅させるような一方的な働きかけは避けたい。この辺りが、事前研修の働きかけとしての難しさである。試行では、解答状況を集約して定期的に主催者に提供した。このシートを基に、受講者の置かれた状況や課題意識を踏まえ、主催者からの働きかけが行われた。事前

研修参加への働きかけに関しても、機械的な働きかけではなく、日常業務上の関係性を踏まえた働きかけを模索したい。

〔研修中〕

次は、研修中のかかわりをみていこう。

主催者の役割は運営が中心となる。特に宗谷管内は集合参加と遠隔参加が併用された形態であったことから、遠隔参加者の音声やネットワーク接続の状況、グループワークに入った際の残り時間の掲示等、細やかな配慮が見られた。また、どのような形態であろうと受講状況の把握は欠かせない。主催者は講師と連携して受講者の様子を観察しながら、安心して参加できているかどうかに着目し、気づいたことがあれば講師に伝え、時間の延長や短縮、必要な説明の追加などの変更を随時行った。

校長会が主催者の場合は、運営担当者が受講者ともなることから、運営は講師が中心となって進めた。ただし、開始前に打ち合わせを行い、当日の出欠席や運営上留意する事項などを共有するという配慮もあった。また、休憩時間に、受講者の反応や気づきなどが講師に伝えられた。このような配慮により、受講者の様子やニーズを適確に把握でき、これらに応じた変更が可能となった。また、両管内の教育局の学校経営担当職員は直接的なかかわりは控え、受講者が安心してやりとりできる環境を整えることの配慮を行っていた。当該職員からは、受講者同士のやりとりを観察する中で、自身との直接的なやりとりでは把握できない思いやニーズを把握できたとのコメントが聞かれた。

なお、議論が煮詰まったり迷いが生じたりすると、当該職員が介入する場面もみられた。その際には指示や助言ではなく、方向性を変えるヒントや、どこまで整理できていて、どこからが煮詰まっているのかを確認する質問を行うなどの配慮がみられた。このように、受講者が自ら感

じ取り、学び取るように支援しながら、今後の学校経営指導につながる情報収集も行われていた。

〔研修後〕

　最後は、業務への還元状況の把握、還元への働きかけや支援、研修企画の評価等を行う研修後の役割をみていこう。今回のＣＢＴを活用した管理職研修でも、この段階を重視して開発した。ただし、試行ではこの段階を位置付けることは難しく、今後の課題として残された。そこで、教育委員会や校長会に期待する役割を２点示す。

　まず、管理職研修で学んだことや設定した行動目標が忘れられないよう、一定期間のうちに働きかけを行う体制の整備である。たとえば、大学と教育委員会とが連携し、学校経営指導担当職員の業務と連動した働きかけや学校経営の支援を行う体制を構築することが考えられる。いわゆる、研修後の伴走体制の整備である。この体制は、行った研修を評価するうえでも、研修計画の段階から一体として構築することが望ましい。今後は、この体制整備に向けた協議の場づくりが求められる。

　次に、ＣＢＴを活用した管理職研修プログラムの改善を行う過程を体系化することである。本プログラムが、管理職の学校経営力の向上に資するためには、研修と実践のつながりを把握し改善を行う体制を整備する必要がある。たとえば、学校経営指導の際に、研修後の実践状況を聞き取り、その手応えや実践における阻害要因、研修の改善希望等を把握する。また、校長等が求める支援を把握し、その実現を図るため関係各所との調整を行うという研修評価の一翼を担う体制整備である。

　上記の２点とＣＢＴを活用した管理職研修プログラムとプラットフォームの継続および活用方法の改善等が整備されることで、受講者と研修企画者との協働による自律的で共創的な管理職研修プログラムを展開

する体制が推進されると考える。

（4）試行のまとめと今後の課題

　試行から明らかにできたことと今後の課題について述べる。

　今後の可能性の第1は、ＣＢＴを活用した管理職研修プログラムが、勤務校の学び合う基盤づくりや学校経営上の課題解決をシミュレーションできる現実的な研修ツールであることが示唆された点だ。また、北海道の広域性を踏まえたＣＢＴは、勤務校で事前研修に取り組める利便性があることも確認できた。全国の中山間地、離島等の環境下での応用も可能だろう。

　第2は、本プログラムの実行性が明らかにできたということである。試行を通じて、プログラムの展開に見通しが立ち、作成体制や研修の運営等の改善点が明らかにできた。こうして、令和6年度には、本プログラムが北海道立教育研究所の校長研修講座（年間3回）で用いられ、北海道教育委員会の学校経営担当職員の業務と関連付けた伴走体制の試行も始まっている。今後、多くの管理職研修での導入を試みられたい。

　第3に、校長同士で学ぶ機会が創出されたことである。試行からは、校長同士が安心を実感できる交流の場としての意義を感じていることが示唆された。併せて、他者とのつながりの意義の実感は、学び合う基盤づくりを校内で展開する際にも共通することとの認識も共有されていた。

　最後に本試行で明らかにできなかった事項と、今後の課題を述べる。

　第1は、研修評価についてである。研修後の段階に関しては、筆者の構想に留まり、試行を行うことはできなかった。本プログラムがどのように実践に役立ったのか、どこに不備や使いにくさがあるのか等の情報収集と蓄積の体制は整備できていない。

　第2は本プログラムの普及に関してである。本試行は、筆者とつなが

りがある地域の協力や北海道教育委員会の働きかけにより実現した。しかし、広く普及するための方策については、明らかにできていない。今回の試行に協力いただいた受講者からは、道内のより多くの校長が受講できるように、実施時期、形態（集合・遠隔）、他管内への拡大、研修内容のニーズの把握などを期待するコメントが多く寄せられた。また、校長・教頭合同や小集団での実施などの多様な形態や、研修の目的や方法を理解するための繰り返しの実施への指摘もあった。定期的継続的に研修を繰り返す機会として、既存の校長会等の研修会に位置付け年間数回の実施を模索することや、地域ごとに独自のアカウントを発行し、プラットフォームを活用して、要請に応じた資料配付や活用がいつでもできる環境整備の提案もあった。

　こうしたことから、受講者は本プログラムの普及によって、どの学校でも必要な研修が実施できることや管理職同士のつながりが強化されることに期待を寄せていた。また、経験の浅い管理職が直面する事例への対応を学ぶツールとしての期待も語られた。これらを踏まえると、研修評価とも関連付け、学校からのフィードバックによりプログラムの改善を行うことや、これらと学校経営支援を連動させるための体制整備が求められる。その際には、プラットフォームの構築、運営・管理の継続や随時の改善等が必須となる。そして、これらは、教育委員会との連携が不可欠である。今後、学校からのフィードバックと研修改善がサイクルとして機能するための相互の役割や方策について、具体的な協議が必要となる。

　こうした課題はありつつも、本試行からＣＢＴを活用した管理職研修の可能性は、十分に示唆された。本試行を参考に、全国的なプログラムの導入、発展が望まれる。

おわりに

｜ 問いに対する現段階の解

　本書では、管理職や一人一人の教職員の思いや認識を踏まえつつ、教職員集団として取り組んでみたいと思えるような教員研修をどのように生み出せるのかを問うこととした。この問いは、学校現場や教育行政現場の皆さんと一緒に教員研修を構想したり、運営したりしているうちに、筆者にも関係者にも共通に生まれてきた問いである。

　そこで、かかわらせていただいた教員研修を題材として、教職員同士で学び合い高め合う関係となるプロセスを紐解くことから、問いの解を明らかにしようとした。

　題材とした教員研修の舞台となった学校は、設置されている地域や学校種が異なる。また、取り上げた教員研修の枠組みや実施形態、研修テーマも全く異なっていた。

　しかし、業務自体を学びの場と捉えて、業務の改善と学び合う基盤づくりを同時に行おうとする方向性と取り組むプロセスは共通していた。そのプロセスは、取り上げるテーマに関する関係者の認識を確かめ合うところからスタートしている。その後、関係者が感じている問題を出し合うこと、そこから関係者が解くべきだと考える問題を洗い出して課題を設定すること、関係者で意見を交流しながら実施可能な取組を決めること、試行的に実施してさらに問題を確かめ合うという行動が循環するのである。このようなプロセスでは、自身の認識に向き合うことが重要となる。そして、その認識を相互に確かめ合い、そこから改めて自身の認識を問い直すのである。

　紹介した実践事例では、この過程を繰り返すことで、向き合う問題の

複雑な構造の理解や取るべき対応の選択の幅の広がりがみられた。また、このプロセスを循環させるためには、対話と省察、プロセスづくりに参画していくなどの行動の重要性が共有されていた。つまり、学び合う基盤づくりの7つのヒントに基づいた行動と言えた。

　前述した問いに対しては、勤務校の状況に応じてこのプロセスを活用して、教職員の関係性づくりを進め、協働的に校内研修を構想することを、現段階での1つの解とすることができるだろう。

　ただし、紹介した実践の物語は、その一歩を踏み出したばかりである。したがって、継続した実践と結果の発信、それらを基にした各地の試行と交流、実践のブラッシュアップが循環する仕組みづくりに、引き続き取り組んでいただくよう期待したい。

｜ 教員研修とは

　本書で紹介した実践事例や試行の関係者（学校現場、行政現場とも）は、まさに、このプロセスに教職員を巻き込みながら、教職員集団として、納得して取り組んでみたいという思いを生み出していた。これは、現場の特性を踏まえた特殊解を生み出すためのかかわり合いや試行錯誤から導き出されたものであるからこそ、納得感をもった実践につながったことが伺えた。

　そして、この実践の過程から、学校課題の改善のプロセスと学びのプロセスが相似形であることが概念的に理解され、学校内の業務改善や学び合う場面で汎用的に活用できるようになっていったことが示唆的であった。これらは、誰かから教えられて獲得したものではない。関係者が、時には学校を超えて、時には学校内で、教職員とかかわり合いながら開発していったものといえる。つまり、学び合う基盤を創り出すかかわり合いの具現化である。このような実践に触れるたびに、教員研修とは、

161

学び合う関係性を中心として、個人の職能や学校組織の改善が行われるための学び方や必要な資質能力を開発していく活動なのだという思いを強くする。

┃ ここから始める教員研修のアップデート

　前述したとおり、教員研修のアップデートのスタートは、自身の認識を問うことであった。今日、研修観の転換が求められているが、読者のみなさんは、自身に問いかけてみたことがあるだろうか。自身の認識を横に置いたままで、それらしい定義だけを獲得しても、納得した行動にはつながらないだろう。

　「研修観の転換とは何がどう変わり、何は変わらないのか」「そもそも教員研修は、自身にとってどのような意義を有していたのだろうか」「自身が感じていた教員研修への違和感や納得感などは、どのような背景が関係しているのか」などを自身に問いかけてみることからスタートしてはどうだろうか。本誌に掲載した【自身に問う】の中から関心を持った問いを活用することもいいだろう。

　その際には、仲間を巻き込み、相互の認識を確かめ合うことも併せて行いたい。この過程で自身の思い込みが取り除かれ、気づいていない自分に気づき、新たな教員研修を考えるきっかけが生み出されたことは、実践事例が物語っている。

　さあ、それぞれの立場でできることから教員研修を変えていこう！

　本書の執筆にあたり、さまざまな方に取材のご協力をいただいた。剣淵町教育委員会、北海道剣淵高等学校の校長をはじめとした教職員、名寄市教育委員会、名寄市校長会、名寄市教頭会、名寄市内の小中学校のスクールリーダーと教職員、宗谷管内校長会、根室管内校長会、ＣＢＴ

を活用した管理職研修プログラムの試行に協力いただいた教職員、北海道教育庁教職員育成課、宗谷教育局、根室教育局、北海道立教育研究所、ＣＢＴ事例作成協力者の皆様に感謝を申し上げる。併せて、学事出版・二井豪氏に謝辞を伝えたい。

　本誌が、管理職や一人一人の教職員の思いや認識を踏まえつつ、教職員集団として取り組んでみたいと思えるような教員研修の実現に役立てば大変な光栄である。学校現場や行政現場において、それぞれの立場の方が第一歩を踏み出すことを願っている。

2024年11月

北海道教育大学教職大学院

特任教授　北村　善春

【著者紹介】

北村　善春（きたむら・よしはる）

北海道教育大学教職大学院特任教授

1959年、長野県生まれ。二松学舎大学文学部卒業。北海道立高等学校教員、文部科学省実務研修生、北海道教育庁高校教育課指導主事等を経て、北海道静内農業高等学校長、同清水高等学校長を歴任。2013年、北海道教育庁日高教育局長、2016年、同学校教育局長、2018年、北海道立教育研究所長を務め、2020年4月より現職。学校経営を専門とし、教員研修支援や教育雑誌等への寄稿も多数。

教員・管理職研修アップデート講座
―日常業務を学びの場に―

2024年12月5日　初版第1刷発行

著　　者　北村　善春
発 行 人　鈴木　宣昭
発 行 所　学事出版株式会社
　　　　　〒101-0051　東京都千代田区神田神保町1-2-5
　　　　　☎ 03-3518-9655
　　　　　HPアドレス　https://www.gakuji.co.jp

編集担当　二井　豪
デザイン　松井里美（研友社印刷）
印刷・製本　研友社印刷株式会社